本研究项目受到

浙江省高校思想政治理论课名师工作室

专项支持

第一辑

知行祖国

新时代高校思政课教学实践

刘建明 石群 主编

中国书籍出版社
CHINA BOOK PRESS

图书在版编目（CIP）数据

知行祖国：新时代高校思政课教学实践．第一辑/
刘建明，石群主编．—北京：中国书籍出版社，2020.9

ISBN 978 - 7 - 5068 - 7995 - 8

Ⅰ.①知…　Ⅱ.①刘…②石…　Ⅲ.①高等学校—思
想政治教育—教学研究—中国　Ⅳ.①G641

中国版本图书馆 CIP 数据核字（2020）第 180150 号

知行祖国：新时代高校思政课教学实践（第一辑）

刘建明　石群　主编

责任编辑	王星舒
责任印制	孙马飞　马　芝
封面设计	中联华文
出版发行	中国书籍出版社
地　　址	北京市丰台区三路居路 97 号（邮编：100073）
电　　话	（010）52257143（总编室）　　（010）52257140（发行部）
电子邮箱	eo@ chinabp. com. cn
经　　销	全国新华书店
印　　刷	三河市华东印刷有限公司
开　　本	710 毫米 ×1000 毫米　1/16
字　　数	200 千字
印　　张	14
版　　次	2020 年 9 月第 1 版　2020 年 9 月第 1 次印刷
书　　号	ISBN 978 - 7 - 5068 - 7995 - 8
定　　价	58.00 元

2019年7月马克思主义研究宣传中心副主任刘建明教授赴萧山区政府宣传部赠送锦旗

2012年7月社会实践小分队在安吉尚书垓村调研

2008 年 7 月社会实践小分队在萧山坎山镇与政府工作人员交流

2019 年 7 月社会实践小分队在萧山区河上镇与政府工作人员交流

2019 年 7 月社会实践小分队在杭州余杭垃圾分类示范小区采访网红志愿者

中共杭州市萧山区委宣传部

表 扬 信

浙江旅游职业学院：

　　贵校马克思主义研究宣传中心教师带领学生与我部开展了校地合作。老师学生们深入实地、埋头调研、不怕艰辛，走访了萧山瓜沥坎山、戴村等多个镇街，结合实际完成了《萧山区家风家训建设现状调查及对策研究》《农村文化礼堂建设现状调查及发展对策研究——以萧山区文化礼堂为例》等多篇调研文章，其中调研数据及访谈材料为我们深入了解机关政策的落地情况提供了很好的借鉴。

　　优秀成果离不开同学们的努力付出，离不开老师的细心指导，祝贺同学们取得的优异成绩！再次感谢贵校师生的辛勤付出！

杭州市萧山区委宣传部

2019 年 7 月 4 日

荣誉证书

......同学（指导教师：......）的作品......：

荣获浙江省第十二届"挑战杯"大学生
课外学术科技作品竞赛

二 等 奖

荣誉证书

......同学（指导老师：......）的作品......：

荣获浙江省第四届高职高专院校"挑战杯"
工商银行创新创业竞赛

一 等 奖

二〇一三年十一月

荣誉证书

......同学（指导老师：......）的作品......：

荣获浙江省第四届高职高专院校"挑战杯"
工商银行创新创业竞赛

三 等 奖

二〇一〇年十一月

获奖证书

浙江旅游职业学院

朱孟可、胡睿智、阮博琴、查妍含、吕菲菲、狼春莉、陈逸垹、徐鸣 同学：

你（们）的作品《农村文化礼堂建设现状调查及发展对策研究—以萧山区文化礼堂为例》在浙
江省第六届职业院校"挑战杯"创新创业竞赛中荣获

三 等 奖

指导教师：石群、吴维维、赵明
特颁此证，以兹鼓励。

二〇一七年十一月·宁波

获奖证书

浙江旅游职业学院

卢丽莎、李佳恩、程聪、李苗苗、王丽娜、陈赛娥、吴星雨、孙秋焱 同学：

你（们）的项目《 萧山区戴村镇"乡村振兴战略"实施现状及对策研究 》在浙江省

第十六届"挑战杯"大学生课外学术科技作品竞赛中荣获

三 等 奖

指导老师：石 群、吴维维、赵 明

特发此证，以资鼓励。

浙江省大学生创新创业大赛委员会

二〇一九年六月

"知行祖国"新时代思政课实践教学成果编委会

序

2019 年 8 月，中共中央办公厅、国务院办公厅印发的《关于深化新时代学校思想政治理论课改革创新的若干意见》指出，"坚持开门办思政课，推动思政课实践教学与学生社会实践活动、志愿服务活动结合，思政小课堂和社会大课堂结合。"在学校党委的正确领导下，浙江旅游职业学院的思政课实践教学在摸索中发展，在挫折中成长，时至今日已经走过了 14 个年头，期间取得了一些能够总结、可供借鉴和可以推广的经验，是为出版该论著的初衷。

在这十四年间，我院始终坚持实践育人的方向不变。一是实践活动是硬杠杠。每位学生在校期间必须参加一年一度的社会实践活动，具体时间灵活掌握，可以是暑假、寒假和法定节假日。二是强化示范引领功能。每年度重点培育一批示范团队，以德才兼备为选拔标准，5－10 人为一个小分队，由思政教师带队深入地方开展调研，撰写社会调研报告。

在这十四年间，我院始终坚持"深耕精做"的策略不变。一是深耕农村。我院 70％以上的学生来自农村，他们从小生长在农村，了解农村，对农村的情怀很深，参与社会实践活动入手快。二是精做萧山。我院地处杭州市萧山区，与地方政府接触密切，交流频繁，彼此"知根知底"，我院更了解地方政府之所需，地方政府更了解我院之所能，高度的匹配和默契产生了更高的成果价值。

在这十四年间，我院始终坚持"以赛促学"的机制不变。一是质量为王。社会实践活动组织的有效性决定了社会实践活动最终成果的有效价值，社会实践活动成果的有效价值必然是以社会实践活动组织的有效性为前提的。二是比赛为媒。没有竞争就没有动力，搅动一池春水，要靠比赛，在近些年的浙江省大学生"挑战杯"比赛中，我院学生成果频频亮相，掌声不绝。

　　成果只代表我院开展社会实践活动工作的过去，挂一漏万之处在所难免，恳请大家指正，以期在今后的工作中不断完善，进一步做大、做强、做响我院"知行祖国"品牌。

刘建明

2020 年 2 月 25 日

2019 年 7 月马克思主义研究宣传中心副主任刘建明教授赴萧山区
政府宣传部赠送锦旗

2012 年 7 月社会实践小分队在安吉尚书圩村调研

2008 年 7 月社会实践小分队在萧山坎山镇与政府工作人员交流

2019 年 7 月社会实践小分队在萧山区河上镇与政府工作人员交流

2019 年 7 月社会实践小分队在杭州余杭垃圾分类示范小区采访网红志愿者

获奖证书

浙江旅游职业学院

卢丽莎、李佳恩、程聪、李苗苗、王丽娜、陈赛娥、吴星雨、孙秋淼 同学：

你（们）的项目《 萧山区戴村镇"乡村振兴战略"实施现状及对策研究 》在浙江省

第十六届"挑战杯"大学生课外学术科技作品竞赛中荣获

三等奖

指导老师：石 群、吴维维、赵 明

特发此证，以资鼓励。

浙江省大学生创新创业大赛委员会

二〇一九年十一月

（三）

荣誉证书

蒋婠婠、吴泽玲、蔡丽民、
张佳涛、舒妨、劉妍杂、
包渟、乌钊、俞璟、吞媛华

同学（指导老师：石群 赵明）的作品 旅游制明下的乡村文化建设及对策 ——以一余姚村为例：

荣获浙江省第四届高职高专院校"挑战杯"

工商银行创新创业竞赛

一等奖

共青团浙江省委　浙江省教育厅　浙江省科学技术协会　浙江省人力资源
和社会保障厅　浙江省学生联合会

二〇一三年十一月

获奖证书

浙江旅游职业学院

朱孟可、胡睿智、阮博琴、查妍含、吕菲菲、洪春莉、陈逸琦、徐鸣 同学：

你(们)的作品《农村文化礼堂建设现状调查及发展对策研究—以萧山区文化礼堂为例》在浙江省第六届职业院校"挑战杯"创新创业竞赛中荣获

三等奖

指导教师：石群、吴维维、赵明

特颁此证，以兹鼓励。

二〇一七年十二月·宁波

中共杭州市萧山区委宣传部

表 扬 信

浙江旅游职业学院:

贵校马克思主义研究宣传中心教师带领学生与我部开展了校地合作。老师学生们深入实地、埋头调研、不怕艰辛,走访了萧山瓜沥坎山、戴村等多个镇街,结合实际完成了《萧山区家风家训建设现状调查及对策研究》《农村文化礼堂建设现状调查及发展对策研究——以萧山区文化礼堂为例》等多篇调研文章,其中调研数据及访谈材料为我们深入了解机关政策的落地情况提供了很好的借鉴。

优秀成果离不开同学们的努力付出,离不开老师的细心指导,祝贺同学们取得的优异成绩!再次感谢贵校师生的辛勤付出!

杭州市萧山区委宣传部

2019 年 7 月 4 日

目　录
CONTENTS

第一章

01

乡村振兴

关于仙居县淡竹乡人口老龄化问题的思考

（2008 年）

一、中国老龄化概况

中国未富先老，已提前进入人口老龄化阶段，社会压力增大。处理不好这个问题将阻碍中国经济发展。老龄化的提前到来同时加重了家庭赡养老人的负担。由于城乡经济的差异，在对待城乡老年人问题上城乡之间也存在着较大的差异。养老主要是物质方面的供养问题。传统上，中国是以家庭养老为主。但是随着家庭结构的小型化和核心化，家庭难以像以前那样承担全部的养老服务。目前，我国实行的是城乡有别的养老政策，农村仍然是以家庭养老为主，城市则向多元化的养老体系发展。城市养老告别了单纯依靠国家和家庭的形式，动员全社会力量介入养老服务。为此，各地出台了许多鼓励社会力量兴办养老机构的政策，同时大力支持社会养老服务和发展。

据联合国预测，1990—2020 年世界老龄人口平均年增速度为 2.5%，同期我国老龄人口的递增速度为 3.3%；世界老龄人口占总人口的比重从 1995 年的 6.6% 上升至 2020 年的 9.3%，同期我国由 6.1% 上升至 11.5%。中国老龄化进程从增长速度和比重上都超过了世界老龄化进程。到 2020 年，我国 65 岁以上老龄人口将达 1.67 亿，约占世界老龄人口 6.98 亿人的 24%，全世界四个人中就有一个是中国老年人。

另据 2002 年人口抽样调查显示，65 岁以上老年人口占全国人口比重为 8.2%，比 2000 年人口普查的 7.0% 高 1.2 个百分点。按地区分，老龄化程度以上海最高,达 13.4%,进入 8% 以上的地区是浙江 11.2%,北京 10.8%、天津 10.7%,江苏 9.9%,重庆 9.2%,湖北 8.8%,湖南、广西、四川均为 8.6%,山东 8.5%,安徽 8.2%,辽宁 8.1%,陕西 8.0%,共 14 个省市总人口达 6.9 亿人,占全国总人口的 54%。西北地区和云、贵、藏等 17 个省区均在 8% 以下,呈现出经济发达地区率先跨入老龄化社会的状况。

截至 2004 年底,浙江省 60 岁以上老年人口达 640.83 万人,占全省总人口的 13.96%;成都市 60 岁以上老年人口达 152.7 万人,占全市总人口的 14.6%;上海市早在 5 年前,65 岁以上老年人口就已经达到了 11.46%。

二、淡竹乡老龄化现状调研分析

这次我们去的淡竹乡是个老龄化很严重的地方。淡竹乡是革命老区,地处仙居西南部,离县城 39 公里,全乡地域总面积 212 平方公里,是台州市乡镇面积最大的乡之一。淡竹乡共有 34 个党支部,508 个党员,辖 27 个行政村,119 个自然村,133 个村民小组,3960 户人家,12595 人口,其中 6000 多人常年外出务工、经商。2006 年淡竹乡农民年人均纯收入仅为 3310 元,其中有 10 个村均低于全国人均收入,是全省 211 个欠发达乡镇、全县 6 个贫困乡镇之一。我们调查的村庄有 900 余人,该村已是一个老龄化村庄,老年人的人口分布如表 1 所示。

表1 淡竹乡老年人口的分布

60 岁以上	70 岁以上	80 岁以上
209 人	90 人	26 人

其他是年龄在 50—60 之间的中年人和小孩,年轻人基本都外出务工、经商等。

我们抽样调查了 50 户居民,其中有效问卷 45 份。调查问卷主要从两个方面对淡竹乡老年人的家庭状况进行了摸排,一是老人们生育的子女数(见图 1),二是老人的家庭状况(见表 2)。

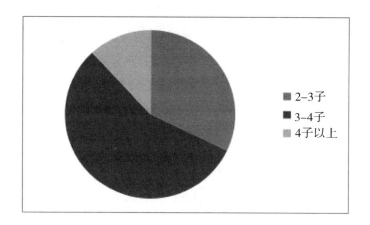

2-3子
3-4子
4子以上

图1　老人生育子女数

表2　老人的家庭状况

子女工作情况				老人生活费来源			
务农	务工	经商	其他	子女赡养	自给自足	政府补贴	其他
3	4	30	8	21	16	3	5
子女在身边							
是				否			
12				33			
与子女关系							
好		一般			不好		
34		6			5		

通过对调查数据的分析，我们得出以下结论。

1. 政府部门养老基金严重不足。淡竹乡政府所在地较为贫困，上级的财政补贴也不多。在这种捉襟见肘的情况下，乡政府只能以基础设施建设等为重，没有实力解决农村老年人的养老问题。

2. 村民观念陈旧，思想保守，安于现状。部分50多岁的人既没有外出打工也没有下地干活，只是赋闲在家。

3. 老人们的居住环境亟待改善。对大多数的老人而言，现在正是他们安度晚年、享受天伦之乐的时候，然而对因环境恶劣、条件艰苦无法安度晚年的老人来说，老年阶段却成为他们人生最后的苦难期。

4. 老人们正在面临身体和精神两方面的折磨。部分老年人由于行动不便，又得不到子女的照顾，生活十分艰难。在此次调查中，我们了解到如果自己的儿女在村里可以赚到一样的钱，老人们很愿意儿女留在身边，更重要的是儿女可以陪在自己身边，一家人享受天伦之乐。

5. 农村医疗保险制度不够完善。老人看病难也是现在农村贫困地区所面临的巨大问题。人老后，身体抵抗力差，常常小病不断。老人在外看病，医疗费用难以得到合理解决。我们从他们口中得知："感冒这种小病都在乡里卫生所买点药，而现在的药费实在太贵。"尽管大部分老人都参加了新型农村合作医疗保险，但是医疗保险在他们生活中并没有起到很大作用，实际报销很少。

6. 文化生活贫乏。许多人认为，农村老年人能吃好、穿好、住好就行了，他们的精神生活并不重要，对老年人的文化生活重视不够。村里有一个老年活动中心，实际只是一间不到 10 平方米的简陋屋子，屋内有电视（由于信号问题，屏幕上带着雪花）、几只腰鼓和 3 张桌子，4 位老人正在打麻将，一群人围着，也有些人坐着看电视或和周围的老人聊天，他们的娱乐生活比较单调。老年活动中心是在浙江旅游职业学院老师去当农村指导员之后才有的，所以老人们对这位老师的工作十分肯定，这让我们也很感动。

人均预期寿命延长是社会文明进步的重要标志，但同时也会给经济增长、产业演变、文化进步、社会发展等带来一系列的影响。

三、人口老龄化带来的主要问题

（一）经济发展滞后

伴随人口老龄化而产生的劳动力年龄结构的老龄化，必将对经济发展和劳动生产率的提高产生一定的消极影响。该乡作为一个革命老区，位于仙居西南部。全乡总面积 212 平方公里，总人口 12595 人，共 3960 户人家，但是常年外出人口占一半，青壮年基本都外出。乡内劳动力不足，经济发展受到很大限制。2006 年人年均收入 3310 元，2007 年人年均收入约 4300 元，有十个村低于全国平均收入水平，是全县 6 个贫困乡之一。该乡以林业为主，林业资源丰富，占地 29.8 万亩，其中又以毛竹为主，占地 2 万多亩，毛竹品种众多。该乡产品加工基本以粗加工为主，是典型的以第一产业为主的乡。目前该乡重点发展的土特产主要有仙竹牌土鸡蛋、土蜂蜜、杨梅。虽然有农村合作社，但我们此次调研的村庄，青壮年劳动力基本都外出经商、打工，村里留下的大都是老人和孩子，自然就没有能力和条件加入农村合作社。即使出售土产品，因没有完善的加工系统，他们也无法深加工。如我们实践小分队在结束当地社会调查时纷纷购买了土蜂蜜，由于数量多，他们没有容器给我们装蜂蜜，带回家后，父母觉得蜂蜜没有杀菌，不够卫生。村里的一些中年人，他们思想单一、安于现状，无意也无能力对土特产进行精加工，以增加土特产的附加值。

（二）社会保障体系中的农村养老问题

第一，老龄人口的增长会改变人口的赡养比例，被赡养人口的增加必将加重现有劳动力人口的负担。据预测表明，1990 年中国每 100 个劳动力人口赡养 13.74 个老年人，2000 年赡养 15.60 人，2025 年将赡养 29.46 人，2050 年更是增至赡养 48.49 人。总赡养比例也相应上升，从 2025 年的 59.5% 上升到 2050 年的 76.8%。

第二，人口老龄化导致用于老年社会保障的费用大幅增加，给政府带来沉重的财政负担。一般而言，乡政府的财政配给比城镇低，需要建设的方面比城镇多，因此农村要实现完全的养老保障将给政府带来更大的财政负担。

第三，人口老龄化客观上要求调整现有的产业结构，以满足老年人口对物质和精神方面的特殊需求。

第四，人口老龄化必然会引起家庭规模和家庭结构的变化，使家庭的养老功能不断削弱。现代医疗机制日渐完善，医疗技术日渐发达，人们也越来越重视养生健体。在这种情况下，每一个家庭的老人都可能逐渐增多至饱和，家庭的养老负担加重，以至于家庭的养老功能萎缩。特别是农村老龄化加快，农村各项养老制度没有城市完善。随着城市化步伐的加快和农村劳动力的输出，越来越多的农村青壮年人口进城打工，农村年龄结构出现"两头大，中间小"的局面。[1]我们此次调研的村庄，年轻人平时进城打工赚钱或者干脆安家城市，父母留在农村家里，聚少离多。空巢家庭中的农村老人在得不到子女照顾的情况下，又无法像城市老人一样借助发达的商业、服务业等便利条件寻求帮助，加之很多外出打工人员又将小孩留在老人身边由他们去照顾，更是加重了老人们的负担。

四、农村人口老龄化原因分析

中国人口老龄化不断加速，城乡老龄化差距进一步扩大，农村人口老龄化问题更为突出。

（一）历史遗留问题

1. 人口基数大

中国是个农业大国，在全国13亿人口中，70%为农村人口，农村老年人口已超过1亿。且农村自古便为生计发愁，多生多养，养儿防老，使农村的老年人口和准老年人口也特别多。

2. 人口年龄层次结构不合理（见图2）

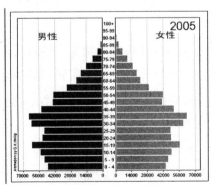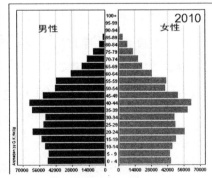

图2 2005年及2010年我国人口的年龄层次结构

中国自古以来的多生多养观念被计划生育政策取代后，中国人口开始缓慢增长，同时也使老年人口增长速度加快。

（二）经济问题

农村收入低，农民负担相对较重，老年人几乎无社会保障，养老重担落在子女身上。从我国宏观经济情况看，改革开放后，我国经济实力和综合实力虽大幅度提高，但由于我国人口多、底子薄、城乡差距大，各地经济社会发展不平衡，优先发展城市及工业政策，使农村经济远远落后于城市，农村年轻人都愿意外出闯荡，而将父母留在家里，很多人将小孩留在老人身边让他们照顾。具有中国特色的"打工经济"，造成农村家庭无子女共处、老年人独自生活的"空巢家庭"逐渐增多。

（三）社会因素

1. 计划生育政策导致老龄化

为控制人口过快增长，减轻人口对经济社会发展造成的压力，自 20 世纪 80 年代开始，我国实行计划生育的基本国策，由此大大降低了全社会的生育水平。

2. 医疗技术的进步延长了人的寿命

随着经济的快速增长、科学技术的进步、医疗条件的改善和生活水平的提高，人类在健康和寿命方面已取得了惊人的成就。这些因素共同作用的结果，就是在全社会人口中，年轻人口比重的进一步降低和老年人口比重相对的提高，最终表现为全社会老年人口过快增长和比重加大，即人口老龄化。

3. 农村社会保障法制化较弱

农村社会保障关系到农村乃至整个国家的稳定与发展，没有法律的硬性约束，农村社会保障就不可能得到有效的实施。

4. 农村医疗保健事业困难重重

治病是老年人最担心的问题，疾病也恰恰是影响老年人晚年生活幸福、造成老年人返贫的重要因素。[2]据统计，我国 80% 以上的农村人口只拥有 20% 左右的卫生资源。近年来的医疗费用增长速度超过了 GDP 和居民可支配收入的增长速度，再加上部分农村老人防病治病意识淡薄，小病拖成大病，大病拖成绝症的事情屡见不鲜。

五、解决农村老龄化问题的对策

马克思认为，随着人类由农业社会进入工业社会和后工业化社会，家庭赡养功能就慢慢脱离家庭而社会化。解决农村老龄化问题不能依赖家庭，而应逐步社会化。养老社会化是目前我国迫切需要解决的一个问题，我们首先要大力发展农村经济，在此基础上完善农村养老保障制度。

（一）大力发展农村经济

发展农村经济是留住青壮年的关键，也是缓解农村老龄化的方法之一，更是奠定家庭养老的物质基础。减轻老龄化带来的经济压力，从而减轻家庭在养老中的负担。养老说到底就是个物质保障的问题。老龄化的发展趋势和家庭结构的小型化，使得农村家庭在家庭养老模式下的负担加重。

从农民自身看：要改变观念，树立科技兴农的意识。只有农民们的思想观念、劳动能力提高了，才能跟上新农村建设的步伐，才能真正推动新农村建设，才能改变农村"两头大、中间小"的现状。

从政府角度看：第一，政府要给予一定的优惠政策，千方百计地留住和引进农村建设人才，要有的放矢地开展一些培训，在农村办一些喜闻乐见的政策宣传栏，深入浅出地回答农民最关心、最迫切需要解决的问题，培养出适合当地新农村建设的"本土人才"，才能把党的富民政策和建设社会主义新农村的构想变为现实。

第二，"火车跑得快，全靠车头带。"为了从根本上解决农村发展出路问题，政府要从基层建设抓起，下大力气狠抓以党支部为核心的村级基层组织建设。可以从外出经商农户、回乡知识青年、退伍军人、乡镇企业职工以及外出务工人员中择优建立村级后备干部队伍。强化对后备干部和现行村干部的培养，提高村干部的理论水平和实践工作能力。同时提高外出务工青壮年回乡发展的积极性，做到为人才提供优厚的待遇，为人才提供施展才华的创业环境和创业平台。

第三，深入群众，了解老年人群的需要；改善农村生活环境，提高老年人生活质量。

第四，充分利用当地良好的生态环境资源，针对老年人设立"养老村"。特别是针对大城市的老人，他们在晚年喜欢远离城市来到乡村这种幽静的地方。同时加强对当地旅游环境的宣传力度，加强其知名度，突出仙居——神仙住的地方；吸引投资者，既为老年人谋取福利，也可增加当地经济收入。

（二）建立安全有效的农村养老保障制度

1. 以家庭养老为基础，构建"老有所养"第一平台。营造"敬老、爱老、养老"的社会风气，强化成年人赡养老人的道德素养。鼓励并支持各乡镇政府及村委会维护农村老年人的合法权益，多渠道募集养老基金。通过大众媒体、社会舆论和文学艺术等途径培养和提高公民的敬老养老觉悟，广泛开展敬老、养老、爱老的道德教育。比如：充分利用国际老人节、中国传统节日重阳节等重大节日，表扬为老年人排忧解难的好人好事，谴责那些不善待老人的恶劣行径；提倡子女抽时间与老年人进行情感交流，给予老年人更多的精神慰藉，重视老年人身心健康，力图避免因子女外出带来的体质下降和精神孤独；调动全社会发扬中华民族优良传统，尊重、关心、帮助、爱戴老年人[3]。

2. 完善农村社会保障制度，搭建"老有所养"第二平台。首先，关注和帮助老年人口中的弱势群体。主要有六种情况：（1）无儿无女的孤寡老人；（2）丧偶独居的老年人；（3）卧床不起或生活难以自理的老年人；（4）有严重残疾的孩子且不能成婚的家庭中的老年人；（5）特困家庭中的老年人；（6）子女之间有严重养老纠纷家庭中的老年人。他们是老年人口中的弱势群体，各自都有特殊情况，而且多是家庭自身难以解决的问题，必须由政府给予特别关照，根据每个老年人的实际情况，做出不同的处理，尽量帮助所有的老年人摆脱困境，让他们安度晚年。其次，建设农村社区养老机制。在城市社区养老机制日益完善的今天，农村可以向城市学习，借鉴有益经验，注重农村的社区建设，增加社区的社会化服务功能。那么，首先要解决农村弱势群体吃饭的问题。俗话说"民以食为天"，针对这些老人的特殊情况，我们可以在农村社区办一个养生食堂。随着我国人口年龄结构进入老年化，老年人又都普遍追求健康与长寿，因此催生了老年消费群体市场需求。其次，要重视老年人真正的精神需求。现在很多家庭都是独生子女，随着子女就业、婚姻半径扩大，很多老年人不得不独自生活，得不到子女照顾或者只是收到一些子女们自认为孝顺送来的保健品。还有相当一部分老人带病时间长、不能自理，这给他们生活带来了诸多不便，有些老人甚至被送去了养老院。在这和谐社会，老人们真正需要的"爱"却被忽视了，以致他们生活孤单，没人可以倾诉。相反，农村社区养老却可以为老人们提供聊天、打扫卫生、医院陪护等多种服务，让老人们不再孤单。同时又能解决中年人的就业问题，可谓一举两得。再次，为提高农村医疗保健服务水平，满足老年人的基本医疗需求，可在农村乡镇村建立医疗站，为老年人提供就地、就近、及时、方便的医疗护理和康复服务，并根据老年人的经济收入状况给予一定程度或全额的医疗费用减免。同时，做好健康教育和预防保健工作，大力普及卫生保健和疾病治疗知识，做到"小病不出村、娱乐有去处、吃饭有保障"，真正使农村老年人口"老有所养，老有所医，老有所乐"，充分体现社会主义国家的优越性。

综上所述，要解决农村人口老龄化的问题，需要国家、社会和个人共同承担责任，走社会效益、经济效益、生态效益相统一的道路。我们相信，农村养老问题只要大家齐心协力，未来定能得到妥善解决。

参考文献：

[1] 刘奕，张怡. 当代中国农村社会养老保障制度的改革 [J]. 晋阳学刊，2007（5）：50－53.

[2] 杨长福，刘志慧. 农村老人"老有所养"之挑战与抉择 [J]. 农村经济，2006（10）：110－112.

[3] 钱炳根，郝彦宏. 农村老年人生活现状与所思所盼 [J]. 调研世界，2005（12）：27－28.

新生代农民工小城镇融入研究

——以杭州萧山坎山镇为例

（2010 年）

所谓新生代农民工，是指 80 年代和 90 年代出生的进城务工人员。这批人目前在外出打工的 1.5 亿农民工中占 60%，大约 1 个亿。他们初中或高中毕业以后就进城打工。相对来说，他们对农业、农村还不是那么熟悉。此外，他们渴望融入城市社会，但城市在很多方面还没有做好接纳他们的准备。新生代农民工既秉承了父辈的优良品质，又具有自己的个性和特点。相比父辈，他们的文化水平较高，对职业及收入期望值较高，有着更远大的追求。新生代农民工已代替其父辈成为城镇的新建设者，他们促进了我国经济的发展，同时他们本身也成为社会的关注点。

一、新生代农民工小城镇融入的调查背景

（一）2010 年 1 月 31 日，在国务院发布的 2010 年中央一号文件《关于加大统筹城乡发展力度，进一步夯实农业农村发展基础的若干意见》中，首次使用了"新生代农民工"的提法，并指出："当前要把加强中小城市和小城镇发展作为重点，深化户籍制度改革，加快落实放宽中小城市、小城镇特别是县城和中心镇落户条件的政策，促进符合条件的农业转移人口在城镇落户并享有与当地城镇居民同等的权益。"这表明新生代农民工的困境已从学术和道义上的关注转化为党和政府最高领导层的决策。新生代农民工市民化是中国城市化和工业化的发展要求。因此，我们准备以新生代农民工小城镇

融入问题作为一个视角，对统筹城乡发展、解决"三农"问题进行更加深入的调查研究。

（二）新生代农民工是目前外出打工人员的主力。与上一代农民工相比，新生代农民工受教育水平较高，追求更高的发展目标。因长期工作生活在城镇，他们更渴望融入城镇，成为城镇真正的主人。所谓"社会融入"指的是在生产方式、生活方式、社会心理与价值观上整体融入城市并认同自身新的身份。[1]为了解决新生代农民工在小城镇融入的现状及存在的问题，我们选取萧山区坎山镇进行了实地调查和访谈。萧山区坎山镇以工业为主体，有380家企业，主要从事五金、纺织、服装、机械、锻造业等，从业人员有9000多人，外来务工者占60%，其中大部分是新生代农民工，这为我们提供了众多的调查样本。为了调查更加客观公正，我们还选择了当地人作为调查对象，以他们的视角了解新生代农民工融入城镇的现状及存在的困难，并进行对比分析。

二、新生代农民工小城镇融入调查的数据分析

本次调查共设计了两个部分的问卷：分别以当地人和新生代农民工为调查对象。

（一）当地人对新生代农民工的评价

本部分调查共发放问卷200份，回收有效问卷186份，有效率93%。

1. 在接受调查的当地人中，男性占55.38%，女性占44.62%；20—25岁人数最多，占总人数的30.29%；学历大多为初中，占总人数的41.50%，本科以上学历占7.07%。

2. 当地人对新生代农民工的了解程度（见图1）。根据数据显示，很了解占17.42%；知道，但了解不深占56.18%；不了解占26.40%。从这点可以看出，当地人对新生代农民工了解不深，两个群体之间没有建立亲密的关系。在当地人眼中，新生代农民工的形象如何？（见图2）37.79%的人认为新生代农民工外表整洁，但居住条件差，收入一般；20.28%的人认为他们拿大包小包、住脏乱的地方、收入低。收入较低、居住条件差是新生代农民

工给本地人的第一印象。

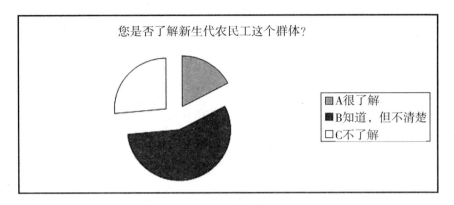

图1 当地人对新生代农民工的了解程度

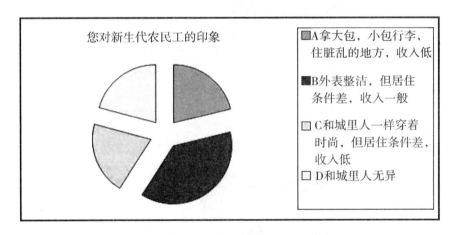

图2 当地人对新生代农民工的印象

　　3. 当地人对新生代农民工的接受程度。对于"新生代农民工的到来,是否对本地人的生活产生了影响,主要表现在哪些方面"等问题调查数据显示(见图3),55.17%的人认为有影响,但影响不大;27.01%的人认为没有影响。影响主要表现在(见图4):环境卫生、交通拥挤、饮食习惯。在新生代农民工户籍问题上,25.99%的人支持他们转为居民户口;54.8%的人认为只要国家政策支持,没意见;只有19.21%的人不支持。在当地人是否歧视新生代农民工问题上（见图5），65.57%的人能一视同仁；只有10.93%的人看不起新生代农民工，甚至排斥他们；当地人愿意和新生代农民工一起工作、生活的占84.62%。总体上说，当地人并不排斥新生代农民工，对他们有较高的接受度。

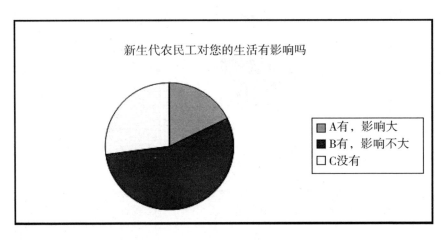

图3 新生代农民工对当地人的生活影响程度

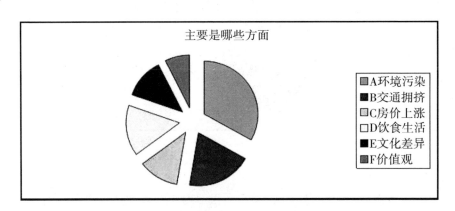

图4 新生代农民工对当地人生活方面的主要影响

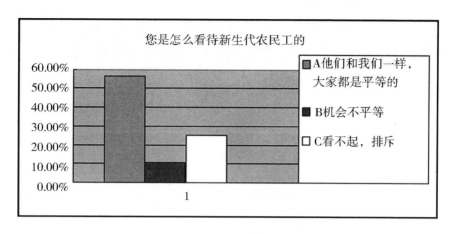

图5 当地人对新生代农民工的看法

4. 从当地人的角度看新生代农民工是否能融入城镇。当地人对新生代农民工能否适应本地生活的看法（见图6），认为能适应的占55.91%；29.57%认为不能；13.44%的人认为"不清楚"。当地人认为新生代农民工融入城市的主要困难是（见图7）：机会不平等占29.41%；没有归属感占26.47%；自身条件不足占25.29%；得不到城里人认可的占18.82%。当地人就解决新生代农民工问题提出的建议是（见图8）：努力提高新生代农民工自身技能和素质；用人单位与劳动者签订合同，提高工资待遇；健全社会保障制度；户籍制度改革。

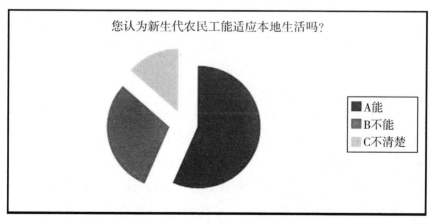

图6 本地人对新生代农民工能否适应本地生活的看法

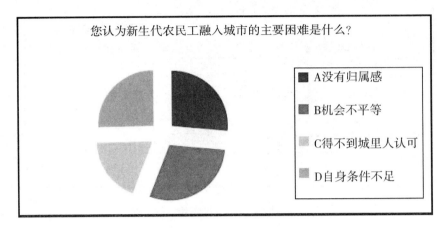

图7　新生代农民工融入城市的主要困难

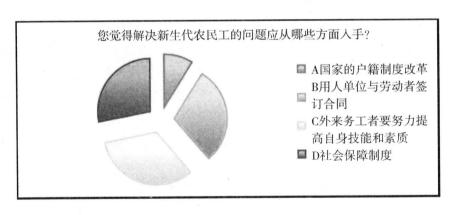

图8　应该从以下几个方面入手解决新生代农民工问题

（二）新生代农民工在当地的融入现状

本部分调查共发放问卷200份，回收有效问卷183份，有效率91.5%。

1. 新生代农民工的社会经济特征。调查对象中男性为65.34%，女性为34.66%。20岁以下占25.14%，21－30岁占74.86%，其中独生子女占15.7%。文化程度以初中最多，占50.29%，其次是中专和高中占28.32%。第三，调查对象在本地的工作时间3年以上的占大多数（见图9）。

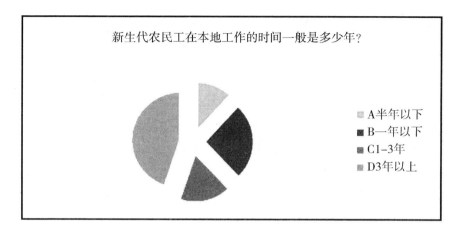

图9 新生代农民工在本地的工作时间

2. 新生代农民工的职业发展状况

（1）劳动合同的签约率和社会保险的参保率

据调查，他们中高达65.03%的人未与企业签订劳动合同。未签合同的原因是他们觉得签不签没区别，也有企业不与他们签合同，同时自己不愿签的人也为数不少。由此说明新生代农民工法律意识淡薄，既不会运用法律武器保护自己的合法权益，也不愿承担责任。这也是产生劳动纠纷的主要原因。此外，只有29.7%的人参与了社会保险，而54.55%的人没有参与，还有15.76%的人根本不清楚如何办理。从以上数据可以看出，即使是发达地区的小城镇，由于企业逃避社会责任，社会保险的覆盖面也不是很高。

（2）工作的满意度

以20至30岁高中毕业为主体的新生代农民工，大部分人都有换工作的经历。其中，更换工作频率1－2次的占33.33%，3－5次的占28.74%。与老一辈农民工只注重工资福利待遇不一样，他们更加注重自己的发展空间，说明他们来城市不仅仅只是为了"养家糊口"，他们的理想比父辈们更加远大。同时也说明他们在工作中受到种种限制，自身需求得不到满足。

3. 新生代农民工的城市生活体验

背井离乡的新生代农民工极少买房，绝大多数都是独租或与人合租。大部分人觉得每月的收入基本够花。每月的主要支出是吃、穿、通信费、寄钱回家及房租。业余生活主要是看电视、在家休息、看书、做家务。新生代农民工与本地人的关系比较融洽，大部分人认为本地人对他们友好。在回答"是否受本地人的排斥"时，36.63%的人选择"没有"，39.53%的人选择"目前没有"，只有23.84%的人选择"有"。

大部分新生代农民工对自己的生活基本满意，仍有18.9%的人对现实生活不满意，甚至还有1.83%的人对现实生活很不满意。2010年中共中央第一号文件明确提出"采取有针对性的措施，着力解决新生代农民工问题"。建设和谐社会，让他们过上好日子不仅是政府的职责，也是城乡居民同舟共济、共同努力的目标。

4. 未来预期

新生代农民工怀着梦想来到城镇打工，他们的职业预期较高。41.95%的人希望通过创业，在社会立足。在婚姻预期方面，72.73%的人选择配偶"不论城市农村，只要合适就行"。对于新生代农民工的乡土情结（见图10），绝大部分本地人认为新生代农民工乡土情结比较淡薄，不适应农村生活，也不愿回到农村，他们的心理更倾向于城市生活。但从调查中我们发现：

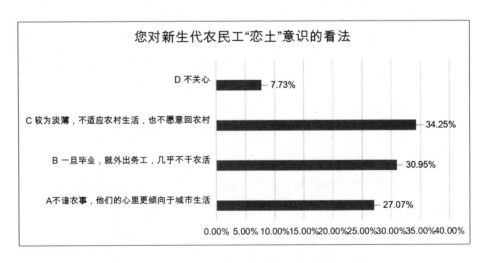

图10　本地人对新生代农民工"恋土"意识的看法

新生代农民工仍有叶落归根的想法，在未来的去向中，选择家乡附近中小城镇47.09%，回农村老家36.05%。由此显示，新生代农民工的乡土情结较为浓厚。同时，通过调查还可发现男性比女性更倾向回家乡，这和城镇高额的生活成本及婚嫁支出有很大的联系。因传统观念根深蒂固，男性在家庭责任方面比女性承担更多。

5、新生代农民工融入城市的主要困难

新生代农民工融入城市的主要困难既有主观因素，也有客观因素。他们过多地将问题归咎于客观原因，如机会不平等（36.07%），没有归属感（25.68%），得不到承认（13.66%）等，只有34.43%的人认为不能很好地融入城市是自身条件不足。确实，因各方面条件不具备，城市没有为新生代农民工创造更多更好的环境，在了解客观条件不可能一蹴而就的情况下，新生代农民工可以通过提高自身条件来融入城市。比如参加各种培训、增长知识、提高技能、培养人际交往能力等，促使自己更快地融入城市。

三、新生代农民工融入小城镇过程中存在的问题

小城镇的新生代农民工相比大中城市的同辈，能更好地融入社会，但也存在一些问题。

（一）制度缺失，待遇差。小城镇民营企业和乡镇企业较多，为新生代农民工提供了大量的工作岗位。同时，也有一些企业只顾眼前利益，对农民工只是索取，不签合同、不买保险，用工制度极不规范。据调查，新生代农民工普遍存在劳动合同签订率低、社会保险参与率低、工资水平总体偏低等现象。他们不仅工资少于同工种的当地人，而且奖金也低于当地人。与"三低"相对应的，则是"三多"——工伤及职业病多、加班多、劳动争议多。这一群体中的大多数人没有一技之长，高达67.86%的人没有劳动部门颁发的专业技术等级证书，基本上都在劳动密集型企业工作。76.57%的人每周工作时间在56小时以上，经常加班，加班费比较少。从居住条件看，他们一般自己租房子，很少有人买房，房子面积较小，设施简陋。也有少部分工厂提供宿舍，一般6人一间，高低铺。

为了孩子有远大的前程，大多数新生代农民工希望子女能受到良好的教育，但实际上困难重重。"城乡分治"分割的不仅是城乡居民在社会保障、收入等方面的待遇，而且阻碍了农民工子女在城镇接受良好的教育。我们在深入访谈中了解到，因为没有当地户籍，交不起高额借读费，他们的孩子只好选择职业高中或技校。在九年义务教育的背景下，中央和地方政府的资金优先保证初中和小学。高中属于基础教育，但不属于义务教育，政府现阶段的投入相对不足。对于全面解决农民工子女到城市上高中的问题，政府更是心有余而力不足。因此，绝大部分费用只能靠学生家庭承担。高额借读费、高考必须回原籍，这两点成为农民工子女异地上高中的最大障碍。

（二）被剥夺和认同危机导致了新生代农民工的漂泊无依。新生代农民工来到城镇，渴望被接受，但现实生活中，他们处处遭受机会不平等，同工不同酬、劳动强度大、社会权利缺失、社会保障不足等种种打击，使他们有强烈的被剥夺感。再加上新生代农民工进城对城镇居民生活带来了一些影响，主要表现为环境卫生、交通拥挤、饮食习惯、房价上涨、文化差异等方面。当地人因误解而不愿接纳他们，由此形成恶性循环，使得新生代农民工"感受到歧视的频率越高，与城市居民社会距离的整体感觉越大，交往状态越差，交往意愿越弱，接纳预期越低"。[2]从而导致新生代农民工成为游离于城里人的外乡人，无法融入本地主流社会。

"认同"译自英文的"identity"一词。"identity"在英文中有多种含义，既包括客观的一些相似或相同特性，如相同的身份、相同的表现等，又包括心理认识上的一致性及由此形成的关系。新生代农民工在社会认同上，表现出一种"内卷化（involution）"的认同趋势，即认同于自己这个特殊的社会群体，不认同于城市社区和农村社区。[3]从思维方式和行为方式上看，他们完全离开了农村，成为与父辈相区别的"城里人"，但因为劳动技能缺乏，职业空间发展有限，很难真正在城镇立足，既回不了乡，也进不了城，使他们深陷"两难处境"。

（三）新生代农民工入乡不随俗，造成和当地人的隔阂。主要表现在以下几个方面：（1）在饮食方面和当地人差别大。萧山本地人吃的比较清淡，而来自湖北湖南等地的新生代农民工口味重，嗜辣。我们就这一现象做了专门的深度访谈，他们表示不能接受本地人的饮食习惯，他们也不会改变自己的饮食习惯而去迎合当地人的习惯。（2）风俗习惯方面。大部分新生代农民工对家乡节日的一些仪式和活动存在很高的认同。虽身处异乡，他们也会大张旗鼓地过年过节。而大部分本地人对节日的仪式并不十分看重，他们主张过年过节也应绿色环保，不铺张浪费，不追求排场。双方存在着观念上的差异，很难达成共识。（3）生活习惯方面。某些新生代农民工往往不讲究卫生，随地吐痰、乱丢垃圾等，破坏了环境卫生；也有人夜间大声喧哗，影响他人休息等，受到当地人的排斥。

四、新生代农民工融入小城镇的对策

市民化是新生代农民工的根本出路。新生代农民工市民化进程的推进应当从农村退出、城市进入和城市融合三个环节进行。[4]

（一）解决新生代农民工子女教育问题，让他们把根留住。妥善处理新生代农民工子女教育问题是解决新生代农民工所有问题的重中之重。据了解，农民进镇落户的第一位原因是"为了子女教育"。[5]各地应落实国家政策，放宽中小城市和城镇户籍限制，采取多渠道解决民工子女入学难问题。一是降低公办学校的入学门槛，扩大规模，接收外来民工子女。二是由政府提供优惠措施，吸纳社会力量创办民工子女学校，解决民工子女入学难题。三是各地可根据本地产业特征，创办中等职业学校和技术学校，既能解决本地人才需求，为企业提供优秀人才，又能解决新生代农民工子女的读书及技能培训问题。

（二）健全社会保障制度，让新生代农民工高枕无忧。在新生代农民工中普及法律知识，和企业签订劳动合同，确保员工基本利益得到保障。在每个乡镇设立法律援助机构，帮助新生代农民工运用法律武器维护自己的合法权益。加强企业的社会责任感建设，将社会责任感纳入企业的考核项目中，奖优罚劣。发挥劳动保障部门的监管权，加强对用人单位劳动合同签订情况的监督检查工作，加大处罚力度。改革社会保障制度，制定适合农民工特点的社会保障制度。如基本养老保险，按规定，男年满 60 周岁、女年满 55 周岁，缴纳满 15 年以上才可领取基本养老保险。此规定时间较长，不适合农民工。可根据农民工的工资收入，确定他们能承受的缴费基数，并缩短缴费期限。针对农民工的流动性比较大、养老保险统筹基本异地转移困难，导致农民工的社会保险参保率不高，退保频繁的问题，可逐步放宽国家社会保险政策的限制，实现异地转移。

（三）建立覆盖农民工的住房保障体系，让新生代农民工安居乐业。地方政府可根据财政状况，将农民工纳入廉租住房体系中，也可以兴建农民工公寓，为新生代农民工提供良好的居住环境。同时，还可以鼓励有条件的企业建员工宿舍，并给予税收减免政策。

（四）营造良好的就业和培训环境，让新生代农民工劳有所成。依靠社会力量，建立"新生代农民工创业基金会"，为想创业而资金不足的新生代农民工提供一个便捷的融资渠道。公共就业服务机构应该向农民工开放，免费提供各种基本就业服务，把职业技能培训作为新生代农民工立足城镇的根本。职业技能不仅是新生代农民工就业的基本条件，也是他们提高生活品质、在城镇扎根的必备条件。可是在调查中，我们发现新生代农民工在业余时间参加培训的只有 4.92%。所以各地要根据社会需求，大力开展符合农民工特点的专项职业能力培训，争取使大多数接受培训农民工获得相应的职业资格证书或专项职业能力证书。

（五）积极创造条件，消除隔阂，让新生代农民工"乐不思蜀"。首先要引导新生代农民工学会入乡随俗，养成良好的卫生习惯。其次，提高人际交往能力，多和当地人沟通，融入当地人的生活。再次，在新生代农民工中开展当地的乡土文化知识讲座，引导他们热爱就业的城镇，并把它作为自己的"第二故乡"。最后，多举办文体活动，让新生代农民工和本地人同台竞技，增进双方了解。调查发现，新生代农民工业余参加文体活动的比例很低，地方政府及社区可举办丰富多彩的文体活动，吸引新生代农民工和当地人参与。

（六）增加小城镇吸引力，率先实现小城镇新生代农民工市民化。北京学者秋风认为：城市化是人类最重要的文明现象之一。所有城市无一不是从小城镇发展而来。小城镇化是城市化的主体，大城市是城市化的补充。小城镇的优势表现为乡土性、城乡融合度高、面积小、低消费。小城镇居民和农民交往多，不排斥农民工。小城镇区域面积小，对新生代农民工来说，交通便利，可达性强，他们的居住点离小城镇中心近，不会形成城中村，从而被边缘化。和大城市相比，小城镇生活成本低，能减少新生代农民工的生活压力。

　　我国小城镇户籍制度改革是从 1984 年拉开序幕的。自 20 世纪 80 年代以来，中国农村人口向小城镇迁移的年均规模总体上是不断增长的，但与乡—市迁移相比，乡—镇迁移相对弱化的趋势十分明显。朱宝树认为小城镇户口对农民吸引力不大的原因，最主要的是"怕享受不到农村集体经济的福利"和"怕失去农村住房和土地"，究其根源是担心失去保障。[5] 针对农民的担心，最重要的是落实《关于促进小城镇健康发展的若干意见》和《关于推进小城镇户籍管理制度改革的意见》。"对经批准在小城镇落户的人，可根据本人意愿，保留其承包土地的经营权，也允许依法有偿转让。"各地要大胆进行土地流转制度改革，形成租赁制、股份制、信托制、代耕制等多种流转模式。特别是探索土地信托制，以乡镇为单位组建土地信托中心（土地银行），构筑土地流转和规模经营信息服务平台，开展土地流转服务。利用信托制具备的土地抵押贷款这一基本的金融功能，实现农民利用土地财产作为抵押取得去城镇务工、创业和定居所需的资金，让新生代农民工在市民化的过程中获得双重保障。

　　新生代农民工融入城镇，成为新市民乃是大势所趋。只有花力气，善意地帮他们扫清融入城镇的障碍，增强其归属感，才能促进当地经济快速健康发展，才能构建和谐社会。但这个过程注定充满荆棘，只有依靠各方面的努力，最后才能取得成效。

参考文献：

［1］魏晨. 新生代农民工的城市社会融入研究［J］. 湖北广播电视大

学学报，2007（2）：66 –67.

　　［2］许传新，许若兰. 新生代农民工与城市居民社会距离实证研究［J］. 人口与经济，2007（5）：39 –44.

　　［3］王春光. 新生代农村流动人口的社会认同与城乡融合的关系［J］. 社会学研究，2001（3）：63 –76.

　　［4］刘传江. 新生代农民工的特点、挑战与市民化［J］. 人口研究，2010（2）：34 –39.

　　［5］朱宝树. 小城镇户籍制度改革和农村人口城镇化新问题研究［J］. 华东师范大学学报（哲学社会科学版），2004（5）：56 –65.

附　录

新生代农民工访谈录（1）

　　小林是来自湖南某农村的一位外出打工的女孩。目前是在我家乡镇上的针织厂做检验员，来到这边已有三年了。当初，在读完初中时就选择了外出打工。其实本来她考上了中学，但她还是选择把读书的机会让给了弟弟和妹妹。由于父母已年迈，为了分担家庭的重担，她选择外出打工。当我问起她外出打工的经历与如何适应这边的生活时，我仿佛看到她的眼眶流出了泪水，似乎触及了她的内心深处。小林说刚出来打工是选在一线的大城市，做一些基础性的工作。本来是带着满腔的热情出来寻求自己的梦想，开创属于自己的一方天地，后来渐渐地才发现自己是多么单纯。外面的世界是很精彩，但更艰辛。大城市生活成本太高，高得她无法预测。一般一个月下来除去自己的所有花费，寄回家的钱所剩无几，而且大城市人们的排外更让她觉得心里不是滋味。经历种种之后，她发现也许小城镇会比较适合她。所以，带着另一种憧憬她来到了我们这里。刚开始时并不是她想得那么简单。她发现在人们的观念中：这一批出来打工的不像以前那样吃苦耐劳，而且也没什么技术。通过自己的努力，她找到我们镇上一家针织厂的工作。一开始，她只是做机器纺织的工作。通过不断与别人沟通与接触，她也慢慢被人接受。她觉得小城镇的人不像一些大城市人那样，让人有距离感。只要你学会打开自己心扉，以诚待人，别人同样会以诚相待。现在，在厂里她可是个开心果，只要她在，到处可以听到欢笑声，越来越多的人开始喜欢这个来自湖南的湘妹子了。她很自豪地对我说，她现在才真正在外面站住脚了，这是人与人互相包容的结果。不过这个社会始终有自己的起始点，现在主要靠技术吃饭。所以，她正在县里的夜大读纺织专业，准备考几本技术证书。现在的她，已不再是当初的打工妹了，而是厂里的检验员。工资也上涨了，每个月寄回家的钱也很可观。自己的业余活动很丰富，晚上经常参加镇上的文娱活动。在我临走之前，她笑着对我说："现在的大学生，真幸福啊！不过虽然我没读过大学，我会很努力地生活，相信我的幸福也会等着我。我们这一辈的外出打工者，都会过得很好，因为外面有朋友的支持和帮助。出了家门，大家都是朋友……"

新生代农民工访谈录（2）

　　本次我访谈的对象是一名来自江西的新生代农民工，现在是萧山坎山镇声之源电子有限公司的普通职工，平时负责打包装箱。他只有 21 岁，已是两个孩子的爸爸了。刚得知这个消息时，我难以相信，和我一样的年龄，我还在读大学，他却当爸爸了，但这是个不争的事实。他告诉我，在他们那里十七八岁找对象那是太平常了，他老婆在家里带小孩，等小孩大点，他老婆也会出来和他一起打工。他初中毕业，家中除老婆和两个孩子，还有父母亲，三个弟弟和一个妹妹。为了让家里的经济条件有所改善，他一个人离乡背井出来打工。

　　在问他是怎么适应当地的？他是这样回答的：刚进入社会总有许多的不适应。（一）生活方面：刚开始总会想家，特别是每到傍晚。当地的饮食与家乡也有很大差别，吃不习惯。慢慢地，也就适应了，不会很想家了，只是偶尔会想家，有时会和家里人联系。（二）工作方面：没有谁是一开始就什么都懂的。在许多前辈们的耐心指导下，慢慢地进入了状态，掌握了一些基本的技能，当然有时候也会犯错误，但是自己不放弃，有错误改正了就会进步，下次遇到就会了。但他对现在的工作不太满意，他的同伴在别的厂里，也是干同样的活，同样管吃管住，工资比他高，食堂的饭菜也比他这边好，干完这一年他就准备换工作了。（三）人际交往方面：只要大家都抱着一颗平常心去看待一切，他认为不太会与别人发生冲突。不要老想着别人的缺点，要多想想别人的优点。其实，只要把心放宽，你会发现一切都是美好的。（四）心理方面：走上社会，总有一些事不如意，那就要看你敢不敢去克服它，这时心理素质很重要。有些事你不得不去勇敢面对，困难面前绝不能轻言放弃。在经历一些事情以后，人会变得成熟、坚强。

在问及他是如何融入当地的，他说：工作与人际交往，这两点是最容易出现问题的。在工作上，就是遇到问题多向师傅们请教；在人际交往上，工友之间会为了一些小利益而发生冲突，如果大家都让一步，也就没事了。

当我问他准备在哪里养老时，他的答案很肯定：回老家养老。城市是年轻人的天下，如果老了，会选择家乡为落脚点，离开城市的灯红酒绿，回归大自然的宁静。

他非常关心子女的教育问题，问了一些义务教育、教育质量和借读费之类的问题，我尽自己所能做了解答。他说等孩子到了上小学的年龄，就让孩子到这边来上学，接受更好的教育，将来过得比自己好。

最后他还提出了一些想法：（一）如今社会发展得太快，让人跟不上它的节奏。建议加大对新生代农民工的培训力度。（二）这两年物价上涨过快，普通劳动者无法承受。建议国家采取各种措施让他们的生活更轻松。（三）房价上涨太快，买房成了许多人的梦想。希望政府能帮助农民工解决住房问题。

新生代农民工访谈录（3）

年龄：23 周岁

性别：男

家乡所在地：贵州省贵阳市

问：你是否为独生子女？

答：不是，家里还有一位哥哥。

问：你的学历是什么？

答：初中毕业。自己当初不好好学，中考的时候成绩比较差，没有了斗志，所以就不想上了。

问：你辍学之后出去打工了吗？

答：差不多吧，反正是男孩子，杂七杂八的活都干，做过的工作倒是不少，像推销啤酒、送报纸等，只要要求不高，差不多都接触一点。

问：你是否与公司签了劳动合同？

答：准备签了。其实自己本来不愿意签，因为有时间限定，依照我自己的个性，喜欢随意一点，不乐意被约束。但如果是自己分内的工作，肯定会认真对待。

问：你一周的工作时间是多少？

答：有时候一天的工作时间是 10 小时，也没有具体计算过，但国家规定的假期还是会放的。

问：你的月收入是多少？

答：差不多 2200 元吧，目前的工作包吃住，但生活条件很简陋。作为男孩子，这样的收入其实很少，况且男孩子都爱讲哥们儿义气，应酬虽不多，但还是会有的，所以希望工资越多越好。

问：你每月工资的支出是多少？

答：打电话、抽烟、喝酒，扣除这些之后，几乎没多少了。自己也不小了，以后还要成家，但买房子想也不敢想。

问：你知道萧山当地人对你的看法吗？

答：现在我父母也在这儿工作，离我工作的地方不算远。我平时住宿舍，如果休息的话就回去，所以除了一起工作的人，接触的还不算太多。当然也认识一些，觉得他们还不错，不太排斥过外乡人，总体上还能公平对待外乡人。

问：你认为融入本地困难吗？

答：我觉得从人际交往或者工作方面还好，但如果要定居在这里就需要深思了。现在萧山的房价这么贵，照我现在的收入水平，即使不吃不喝，首付都不知道要存多少年呢，觉得买房不现实。况且作为男孩子，总要传宗接代的，怎么舍得离开自己的家乡呢？家乡的消费水平自己还是能接受的。所以融入城市对我来说，是一个天大的挑战，不仅仅是机会不平等，更多的是自身能力达不到这个标准。

问：你对未来的期待是什么？

答：我还是希望能干出一番事业，如果一直按照目前这种状况，可能一辈子就完了。现在还年轻，多吃一点苦也没什么大碍。现实一点说，就是多挣钱。当然最好是掌握一门技术，将来走到哪里都不怕。

问：你是否遇到过不公平待遇？

答：这种情况目前还没有遇到。现在工资虽然少点，但都是刚开始谈好的，所以也没什么好争的。但如果发生拖欠及克扣工资，我觉得寻求法律援助还是比较可靠的，毕竟自己身单力薄，根本无法与公司抗衡。

问：你最希望政府提供的帮助是什么？

答：希望政府可以完善社会保障制度，让我们能够得到最根本的社会保障。当然最重要的是政府能够控制房价的增长，让我们这些农民工也有机会买房。

问：你有其他建议吗？

答：国家可以提供各种技能培训机会，让我们掌握一技之长。多设立农民工法律援助机构，让大家了解自己的权利，并保护自己的合法权利不受侵犯。

农村留守儿童与祖辈关系的实证研究
（2013 年）

　　有这样一个特殊的群体，他们的父母远走他乡，为家庭打拼；他们没有童年和少年时代应有的来自父母的疼爱与关怀，取而代之的是来自祖辈的养育与疼爱。他们，有一个不那么轻松的专有名词——未成年留守者。今天就让我们走进这个不一样的世界，探寻他们的喜怒哀乐，以及他们与祖辈的关系。

一、调研目的及意义

　　随着城市化进程加快，越来越多的青壮年加入了进城务工的大军。许多农村一派人去楼空的景象，随之衍生出一个新的群体：未成年留守者。在此背景下，我们展开了关于未成年留守者与祖辈的关系的调查研究。主要针对的调查对象是：7－12 周岁童年时代以及 13－18 周岁少年时代的农村未成年留守者。我们旨在通过调查问卷以及进村挨家挨户实地走访的形式，探寻当代未成年留守者的生活现状，记录他们的生活细节以探询他们与祖辈的关系。

　　未成年留守者，是指父母双方或一方外出到城市打工，留在农村生活的未成年人。他们一般与自己的父亲或母亲中的一人，或者与上辈亲人，甚至父母亲的其他亲戚、朋友一起生活。农村未成年留守者占据了一个不小的比例。而且，绝大部分未成年留守者的家庭条件都不宽裕。他们的物质生活以及受教育的硬件条件设施都较为匮乏，这更突显了家庭对其成长的影响力以及重要性。我们希望通过此次调查了解未成年留守者的世界，走进他们的家庭和生活，发现隐藏的问题，透过现象看本质，就存在的问题提出可行的方法和建议。

二、调研资料分析

烈日炎炎中，我们分组进入安吉几个村庄进行走访调查，与村中的未成年留守者家庭进行了深入交流。

（一）基本情况简介

通过调查，我们了解到现在大多数留守儿童与祖父母生活在一起，少数由外祖父母带养，并有另一部分由其他亲戚带养。这些孩子大多与祖父母的关系很融洽，在她们眼里祖父母都很善良，既勤劳又能干，所以大多都很听祖辈的话。但同时又存在一些方面让这些孩子很困扰。一方面，祖辈那一代文化程度不高，基本没有接受过高等教育，并且有时说话不算数。这种说法主要存在 7－12 周岁的孩子中，体现在祖父母经常应允什么事却不实现，或者是常常哄骗他们一个虚无的父母归家的日期。从中也体现了孩子大多还是渴望父母在身边，渴望父母回家在一起生活的。另一方面，一些 12—18 周岁的孩子认为祖父母辈的生活观念很保守，无法与时俱进，双方在思想行为和生活习惯等方面存在很大的差异，造成他们不太愿意与祖父母辈交流谈心，遇到问题也不喜欢与祖辈争论，一有问题他们只愿与朋友倾诉，渐渐地他们与祖辈的交流随着年龄的增长和思想的变化变得越来越少了。所以，就算生活中因遇到些问题会与祖辈发生矛盾，但她们也不会因此影响自己的心情，依旧顺着自己的想法行事。不过，尽管孩子们与祖辈的思想等方面存在差异，但并没有因此影响两辈之间的关系，祖辈们还是依旧关心孩子的生活和学习。当孩子们犯错时也从不纵容，祖辈们会跟孩子们讲道理，教育孩子如何做人，所以孩子们还是很敬重祖辈的，都表示将来会孝顺祖辈。同时，孩子们也很关心祖辈的身体健康，也愿意在祖辈生病时照顾她们。有些懂事的孩子，在空余时间也会帮祖辈做些家务事，很体谅祖辈的辛勤劳作。不过，虽然祖辈很疼爱孩子，但孩子们还是会想念自己的父母，孩子们也希望如果有机会能够与父母在一起生活。

我们常见新闻或者报纸上报道寒门学子坚持不懈、勤奋好学，取得优异成绩的做事。走访中我们发现其实并不然，有些孩子普遍比较内向，不太愿意与人交流，并且大多数孩子的学习成绩并不是很理想。孩子们也没有什么特别的爱好，岁数较大的有些孩子都辍学在家，有些调皮的孩子老在外惹事，祖辈们对此也没办法。因此，我们尝试总结两点：第一，祖父母辈的疼爱经常只限于百依百顺以及物质生活上的尽量满足，而孩子们却渴望得到关注和更多的爱。所以许多孩子在这样的矛盾下，选择吵吵闹闹以博眼球。通常来说，这样的孩子只要耐心鼓励，多一些关爱，自然而然会乖巧听话，甚至做得很出色。第二，祖父母辈虽然教育孩子为人品德，但是由于大部分祖辈们的受教育程度不高，因而在孩子的学业上都爱莫能助，所以孩子在学业上缺乏管教与辅导，一直都没有什么起色。

我们和某留守儿童与奶奶进行了深入访谈（时间：2013年7月3日星期二地点：梅溪镇车站）

访谈资料如下：这是一位10岁的孩子，家里就爷爷奶奶，爸爸妈妈都在江苏无锡工作，视工作情况回来看望儿子。忙的话，时间隔得久一点回来；不忙的话，一两个月回来一次，但由于来回车费太贵，回来的次数也不会很多。小孩子现在的成绩中等。因为家里就爷爷奶奶，而且爷爷奶奶的年纪大了，眼睛不好，文化水平不高，在学习方面不能给予太多的帮助，所以小孩子的学习主要靠自己。男孩子在这个阶段都普遍比较爱玩，爷爷奶奶最多是做到多提醒。放暑假孩子会去爸爸妈妈那玩。当问奶奶如果孩子的爸妈把孩子接到身边自己带，你们会不会同意时，奶奶很干脆地回答同意。奶奶认为：父母带着孩子总归比他们带要更好。但当问小孩子愿不愿意去爸爸妈妈那里上学时，小孩子的回答却是：不想。

从这里我们可以看出：由于孩子和父母的相处时间少，以至于孩子和父母之间有一点点陌生，但我们相信这只不过是时间问题。而爷爷奶奶由于年纪大，眼睛不好，文化程度也不高，在孩子的教育上是心有余而力不足。其实，这也是一部分留守儿童成绩不是很理想的一个原因。前面案例中的奶奶说了一句很好的话：父母带着孩子总归比他们带要更好。确实，孩子的成长中不能缺少了父母的陪伴。父母，在孩子成长中是不可或缺的也不是任何人可以替代的。但由于现在社会的激烈竞争和家庭经济问题，父母不得不外出打工。有些留守儿童很懂事，能够理解父母的苦心，但也有一些留守儿童因此变得更加叛逆。任何事情，都有它的两面性，父母在这方面要更加多多关心孩子，就算工作再忙再累也不能减少对孩子的关心和沟通。

（二）问题分析及建议

我们把调查对象按照年龄大小分为两组：7—12岁和12—18岁，并分别对这两个年龄组进行数据分析。

1. 7—12岁组

我们可以从这组的数据统计中看出：在所有7—12岁这组的问卷中，有44.79%的孩子是和祖父母一起生活的，也有43.75%的孩子是和其他亲戚一起生活，11.46%的孩子是和外祖父母一起生活。孩子们对祖父母或者外祖父母都存在着纠结的心理：他们喜欢祖父母或外祖父母的原因有很多，主要是认为他们善良宽容、勤劳能干，但是大部分的孩子又认为自己的祖父母、外祖父母很多时候说话不算话和相对保守，所以这让他们有些纠结。而且大部分的祖父母、外祖父母的文化程度为小学文化。确实，由于祖父母、外祖父母的文化程度不高和他们成长的时代环境不好，导致他们非常保守节俭。在问卷中，有97.12%的孩子认为自己的祖父母、外祖父母是非常乐意照顾他们的，只有少数的孩子认为自己的祖父母、外祖父母是出于没办法才照顾他们。

在学习方面，因为孩子是家庭的希望，所以96.88%的祖父母、外祖父母很关心孩子的学习。由于祖父母、外祖父母年纪大了，普遍文化水平不高，在学习方面不能给予太多的帮助，所以孩子的学习还是主要靠自己。孩子在这个阶段都普遍比较爱玩，祖父母、外祖父母最多是做到多多提醒、多多关心。

在生活上，68.75%的祖父母、外祖父母对孩子是能够照顾周到的，31.25%的祖父母、外祖父母照顾得还行。由于年龄问题或是代沟问题，祖父母、外祖父母不能完完全全知道孩子想要的是什么、需要的是什么，所以祖父母、外祖父母在有些方面只能根据自己的想法尽力满足孩子。

在教育上，73.96%的祖父母、外祖父母会经常教孩子做人的道理，26.04%的祖父母、外祖父母是偶尔教孩子做人的道理。对于孩子的教育，不仅仅是学校的单方面教育，还需要形成家庭的合力。同时，更不能忽视孩子的素质教育和辨别是非的能力、创新能力的培育。

在问卷中有这样一道题目：当孩子犯了错误，祖父母、外祖父母会怎么样？有18.75%的孩子是选了"打骂"这一项，68.33%是选择"不理不睬"，只有12.92%是选择"摆事实，讲道理"。其实，在日常生活中，也经常有看到父母打骂孩子的现象。这样的行为，大则对孩子的心理健康会造成严重的影响，也许以后会让这些孩子形成暴力倾向，使得这类孩子觉得只有暴力才可以解决问题；小则让孩子会对长辈形成不理不睬的态度。任何的过错，都有很多的解决办法，但是在孩子的成长中，最不能使用的解决办法就是打骂。长辈使用打骂的教育方法，也许是长辈认为孩子经过这次的教训，以后就不敢再犯错。而打骂的方法也仅仅是限于7—12岁的孩子，因为这些孩子还小，对长辈还是比较害怕的而且也没有能力反抗，但如果把打骂的方法用于12—18岁的青少年就行不通了，因为随着年龄的增长，孩子对外界的认识也多了，而且这个年龄阶段的孩子都是相对比较叛逆的，所以打骂用在这个阶段年龄的孩子上是行不通的，或许用在7—12岁这个年龄的孩子还是有一些成效。

对于7—12岁这个年龄段的孩子们，当他们难过、想说心里话时，有39.58%的孩子会向朋友倾诉，有35.42%会向父母倾诉，有11.46%向老师倾诉。由于和祖父母、外祖父母之间有代沟，只有13.54%的孩子会向祖父母、外祖父母倾诉。

也许正因为是代沟问题，孩子们都希望祖父母、外祖父母能够理解他们、听听他们自己的心里话，平等对待他们以及满足他们的要求。在照顾和孝顺祖父母、外祖父母这个问题上，绝大部分的孩子都是能够做到的。

因为父母不在身边，所以94.79%的孩子还是很想念父母的。但也有

5.21%的孩子是无所谓和不想念父母的。

当提及是否愿意到父母身边去学习时，有64.58%的孩子是愿意的。由于和父母的相处少、交流少，有部分孩子和父母之间有些陌生，又或者是其他原因，是无所谓和不愿意去父母身边学习的。

众所周知，父母在孩子成长中是不可或缺的也不是任何人可以替代的。但在这些留守儿童中，有21.87%的孩子认为父母是可以被祖父母、外祖父母代替的，有47.92%认为有些方面可以被代替，有些方面又是不可以被代替的。只有30.21%的孩子认为父母是不可以被代替的。

由此可见，孩子的成长还是不能离开父母的，一旦和父母相处得少、交流得少，父母在孩子的心里地位就会被改变。

2.12—18岁组

其实两组的大部分选择是差不多的，只是在数据方面有些不同。但是由于年龄和知识水平的差距，12—18岁的孩子在事物的看法上都要比7—12岁的孩子更加全面。

在访谈过程中，我们也发现：父母外出打工的儿童大多比较懂事，知道父母外出打工是为了给自己创造更好的学习条件，父母在外面承受了很多的压力和痛苦。因此，为了让父母少一些牵挂，多一些安慰，他们在学习上对自己的要求没有因父母的外出而降低。此外，由于这些孩子生活在另外一个家庭或者生活在准单亲的家庭里，而且农村家庭中普遍有比较大的生活压力，监护人的"耐心"比较少，所以"懂事"是让儿童获得奖励、少受惩罚的必要条件。这也验证了那句话："穷人家的孩子早当家"。

父母外出打工给孩子造成的影响是很大的。所以，父母在孩子的教育上一定要格外注意，不能只顾着为了给孩子更好的物质生活而忽略了孩子自身的需要，不能一味地认为你以为的就是孩子以为的。对此，我们希望这些做父母的能够多回家看望自己的孩子，这阶段的孩子是最需要亲情的。尽管他们觉得孩子的祖辈能够照顾他们，但是祖辈只能照顾孩子的生活起居，他们的学习和心里的话还是希望父母去了解。如今父母们只顾外出赚钱，却错过了教育孩子们的最好阶段，父母们不知其实只有把孩子培养成才，才是他们一生最大的财富。所以，应该把孩子的健康成长放在第一位，最好留一方在家教育孩子，与祖辈一起教育孩子，不要让孩子的童年缺少父母的爱。如果孩子长大了也懂事了，父母可以放心地外出工作，但也要经常回家看看孩子、父母；如果孩子不懂事，那应该把孩子带在身边，让他们也感受父母在外打工的不易和生活的艰辛，这样孩子们才会努力学习，才会更加懂事。

此外，留守儿童的问题除了家庭因素外，学校也应该采取措施多关照这些特殊的孩子。学校应该要求老师们多关注孩子的变化，帮助这些孩子提高学习成绩，了解孩子们内心的想法。教师也应该多花时间家访来了解孩子在家的情况，以致能更好地了解孩子的生活状况和心理状态，及时地发现并解决问题，让留守儿童能像普通孩子一样地学习成长。同时，学校也应该开设一些活动，让这些孩子能够快乐多一些、寂寞少一点。

留守儿童的问题不单单只能靠父母和学校，政府也应该多关注他们。政府应该开设一些特别的课堂，引导这些留守儿童的祖辈该如何教育这些特殊群体，如何与这些孩子沟通交流，及时掌握孩子的变化和异常，以致能够早日了解孩子的心理变化，让孩子能够健康成长。

三、结论

中国用三十年创造的不仅仅是举世瞩目的发展奇迹，还有一个个深深烙着中国特色印记的奇观。在留守儿童这个沉重的专有名词下，是千万家庭的辛酸。可是无论他们背负着怎样的辛酸命运，时代的巨轮依然有条不紊地前行。

老一批的留守儿童如今已经步入了社会，他们或是通过勤工俭学考上了理想的院校，企图通过"知识改变命运"那句老话来创造自己的未来；或是走上了如同他们父母一般的道路，继续轮回着父辈的辛酸。

新一代的留守儿童，他们年轻的父母年前刚刚背井离乡，等候他们的是苦涩懵懂的青春期，是缺少父爱母爱的童年。

当城市的孩子们享受着父母的关怀或是抱怨着父母唠叨时，又有几人曾想过中国的农村已是十室九空。精壮劳力纷纷涌向城里，独留老人小孩和黄狗。守着几亩荒田，伴着日出日落，日复一日。

他们的未来，我无法揣摩。

我不去抱怨公平与不公平，只愿他们拥有幸福的未来。

无论哪一代的留守儿童，他们都经历过相同的痛楚，承受着城里小孩无法想象的压力。这种压力不免让人们对他们的未来感到担忧。没有父母陪伴的他们要背负起更多的家务和繁重的农活，在爷爷奶奶溺爱下的他们又拥有充足的自由。缺少大人的看管，他们能否树立正确健康的人生观和价值观又让人们感到惶恐。

我们见过太多有关留守儿童勤工俭学十年寒窗取得傲人成绩，我们同样见过很多留守儿童缺乏教育和沟通走上无法回头的偏路。

如今，我们已经无法继续让自己做一个麻木的看客了。他们的父母渗透进了城市的每一条血脉当中，建筑工人、环卫工人、个体经营户、服务员、保安……我们时时刻刻都在享受着他们的服务，我们夺取了他们理应享受的关爱，我们，应当做些什么去弥补呢？

关于他们的未来，并非任其自生自灭，而是事在人为。愿你我多些对留守儿童的关爱，愿我们拥有在梦想面前相同的权利。

萧山区戴村镇"乡村振兴战略"
实施现状及对策研究[①]
(2018 年)

一、调研背景

习近平总书记于 2017 年 10 月 18 日在党的十九大报告中适时提出了"乡村振兴战略",吹响了中国城乡融合发展的号角。早在 1847 年恩格斯在《共产主义原理》中就设想了共产主义社会是消除了工农差别、城乡差别、脑力劳动和体力劳动差别的社会,"通过消除旧的分工,通过产业教育、变换工种、所有人共同享受大家创造出来的福利,通过城乡的融合,使社会全体成员的才能得到全面发展,这就是废除私有制的主要结果。"[1]

改革开放以来,农民的生产积极性得到了极大提高,农村面貌焕然一新,农业发展势头向好。同时,我们也看到由于人力、资金、政策等资本向城市的积聚,城乡差距在逐步拉大。一些地方的农村因为青壮年人口流失,成了"空心村",传统民俗文化和手艺已后继无人,不少人的"乡愁"已无处安放。十八大以来,国家高度重视"三农"问题,实施了一系列重大战略。到 2020 年我国将全面建成小康社会,城乡差别将成为我国向更高目标发展的障碍。十九大以更高的视角提出了"乡村振兴战略",它意味着党和国

---

① 本作品过程性成果《大学生参与"乡村振兴战略"存在问题及对策研究》在《长沙大学学报》2019 年第 2 期发表。

家解决"三农问题"的决心和信心，也意味着我们抓住了解决"三农问题"的"牛鼻子"。

但乡村振兴战略实施时间较短，政策也在不断完善中，经验也在不断积累中。我们需要深入基层，亲身体验各地实施"乡村振兴战略"所取得的成果，同时发现存在的问题，并以自己的绵薄之力为"乡村振兴战略"献言献策。

二、文献综述

自 2017 年党的十九大提出"乡村振兴战略"，它迅速成为学界的研究热点，虽只有短短两年时间，却汇聚成一股研究热潮。根据中国知网数据，以"乡村振兴"为主题，2015 年至 2016 年只有 3 篇文章，2017 年发表了 347 篇文章，到 2018 年激增到 3121 篇文章。经过梳理，学界主要从以下七个方面阐述了乡村振兴战略，为乡村振兴战略实践奠定了坚实的理论基础。

（一）乡村振兴战略的问题意识

乡村振兴是新时代解决农业、农村、农民问题的新战略，体现了中央对"三农问题"的新思考，也体现了从城乡统筹到城乡一体化再到城乡融合的新理念。它涵盖了农村供给侧结构性改革、土地制度改革、培育新型农业主体力量、美丽乡村建设、城乡融合、科技强农和精准扶贫等七个方面，可以说每个方面都重要，但任何事物都有主要矛盾和次要矛盾之分，学者们从不同视角提出了乡村振兴的主要矛盾，希望借此提升乡村振兴在实践中的成功率。

一是如何处理好城乡关系的问题。实施乡村振兴战略就是要着力解决好城乡发展不平衡的问题。同时我们还要注意到当前中国不同农村地区之间还存在着发展的不平衡，且农民之间的分化也越来越大了（贺雪峰，2018）。准确把握中国乡村振兴战略，首先是把握好乡村振兴战略与城市化战略的关系（黄祖辉，2018）。实现乡村振兴，需要改变各种发展要素主要由农村向城市单向流动的局面，创造城乡要素双向流动、相互融通的新格局，在激发农村内部动力和积极性的同时，更加开放地吸引、吸纳农村外部的资源。

（张强、张怀超、刘占芳，2018）。

二是如何坚持农民主体地位的问题。通过传承农耕文化来坚持农民的主体地位。传承农耕文化既要坚持农民的主体地位，又要协调平衡与农民权益保障间的互动关系（刘慧萍，2018）。建立以农民为主体的乡村振兴发展机制，要坚持农民主体地位、以农民为本位、建立农民意愿表达机制、工作考核增加所在社区民众满意度调查四个方面。（郑风田，2018）。

三是如何规避乡村振兴战略实施过程中的错误倾向。目前存在的主要倾向是：战略问题战术化倾向；发展目标浪漫化、理想化倾向；振兴方式单一化和"一刀切"倾向；体制机制改革工程化、政策支持盆景化倾向；支持重点错乱化和推动"三农"配角化倾向（姜长云，2018）。

（二）乡村价值与乡村振兴的关系

中央提出乡村振兴战略既是着眼于解决"三农"问题，也是为了找回因迅速城市化后失落的"乡愁"。"乡愁"实际上就是人们特别是农民或者是从农村到城市就业、求生者的精神寄托，是在乡村价值衰落时对其价值的重新审视，并期待其中的精华能够浴火重生、撑起人们的精神家园。如此，乡村价值在现代社会仍有存在的必要性，并在乡村振兴战略中发挥着积极作用。

张军认为进入新的发展时代，由于影响乡村发展的宏观与微观环境发生了实质性改变，乡村价值得到快速提升。建立乡村价值定位等是实施乡村振兴并保障其顺利和可持续发展的基础（张军，2018）。

王忠武提出了实现乡村振兴就要在新时代条件下繁荣复兴乡村文明。具体而言，要以时空整合创新促进乡村文明繁荣复兴；确立乡村文明的主体性地位，坚持农业农村优先发展；重新认识和定义新时代乡村文明建设的原则要求与价值功能（王忠武，2018）。

（三）实施乡村振兴战略的具体措施

如何实施乡村振兴战略是学界的研究重点，相关文章数量最多，也是仁者见仁、智者见智，为乡村振兴提供了强大的智力支持。

一是主张以产业发展带动乡村振兴。产业兴旺是实施乡村振兴战略的基础，要以农业为中心拓展多种产业，通过政策推进农业农村产业兴旺（孔祥智，2018）。农业规模经营可以促进产业发展，实现农民富裕、发展绿色农业，营造生态农村、优化充实治理主体、激活村庄公共精神和提升国家治理效率，高度契合乡村振兴战略总要求（王敬尧、王承禹，2018）。

二是通过创业推动乡村振兴。实现乡村振兴战略，需建立完善农业创客"教育链"建设的统筹协调机制、农业创客"人才群"建设的多元激励机制、农业创客"工作坊"建设的协同参与机制等（莫凡，2018）。张怀英把农村的创业模式总结为以下五种：合作社领办型、创业平台助推型、美丽乡村引领型、龙头企业带动型、乡贤返乡兴业型等五种典型农村创业模式（张怀英，2018），并肯定了这五种模式在乡村振兴中的重要作用。

三是因地制宜、因地施策。郭晓鸣以四川省为分析研究对象，指出四川实施乡村振兴战略的道路应是：以深度贫困和衰退重点地区作为乡村振兴的重点区域，以村庄整治、建设生态宜居村庄为突破口，以推进城乡融合发展为根本路径，以激活要素作为乡村振兴的关键，以壮大乡村集体经济作为重要抓手（郭晓鸣等，2018）。

四是顶层设计、政策支持。乡村振兴的关键性战略路径包括全面深化改革、健全市场机制、强化城乡融合、坚持发展提升和推进适度规模（郭晓鸣，2018）。以农业供给侧改革为主线、以牢牢端稳饭碗为底线、以农业全要素改革为抓手和以人才队伍建设为驱动是乡村振兴的有效路径（彭万勇等，2018）。

五是以农村教育为抓手，厚植农村人力资本。实施乡村振兴战略，必须充分发挥农村人力资本的作用，从创新对新型农业经营主体的培训内容方法入手，培养新时代"三农"工作干部队伍，着力构建乡村教育振兴的长效机制（孙学立，2018）。改革发展农村职业教育是实施乡村振兴战略的重要抓手，要以振兴农村职业教育为基础，积极培育新型农业经营主体，厚植乡村人力资本（张志增，2018；杜育红、杨小敏，2018）。

（四）乡村振兴战略的主体

该主题也是学界的研究热点。这类研究突破了原有的思维定式，将乡村振兴战略的主体从农村延伸到城市。毫无疑义，农民是乡村振兴战略的主体，也是参与者和受益者，但乡村振兴战略仅仅依靠农民是远远不够的，我们还应鼓励在城市就读的大学生、打工的农民工、从商的企业家、就业的新乡贤等返乡建设自己的家乡。

一是对乡村振兴战略主体的分类研究。

首先，乡村振兴战略的主体是农民。第一类是留守农村的相对弱势的农民。实施乡村振兴战略的主要国家资源，应该用于帮助和支持中西部缺少资源地区留守农村的相对弱势的农民，从而解决当前中国农村发展的不平衡问题（贺雪峰，2018）。第二类是返乡创业的农民工。在乡村振兴战略驱动下，更多的农民工返回输出地进行创业，带动农村经济的快速增长和农民的快速增收（刘志阳、李斌，2018）。第三类是新型职业农民。新型职业农民培育既需要政府加强农业农村现代化的顶层制度设计，打出"组合拳"形成政策叠加的合力，又要注重现代生产要素通过市场优化配置，逐步为新型职业农民成长壮大提供强有力的政策支持系统（何晓琼、钟祝，2018）。

其次，企业家。实施乡村振兴战略要激发市场蕴藏的活力，市场活力来自人，特别是来自企业家，来自企业家精神（张红宇，2018）。

第三，新乡贤。新乡贤作为一股农村治理新力量正在不断涌现，并发挥着地方治理的作用。新乡贤及其背后的社会知觉是后乡土中国农村脱贫和农业振兴的关键（萧子扬、黄超，2018）。

第四，大学生。乡村振兴为大学生返乡就业提供了更多机会。通过调研绍兴地区高校毕业生就业情况，分析了农村基层社会生态对大学生"双创"的一系列影响（屠萍萍，2018）。乡村振兴战略支持了大学生返乡创业，应抓住机会对大学生返乡创业进行设计与规划，实现合理的路径管理与开发，为其后续发展奠定坚实基础（杨雄，2018）。

第五，大学生村官。推动"乡村振兴战略"的着力点在于调动基层群众的主动性、积极性与创造性，大学生村官无疑需承担重要角色。应进一步充分发挥大学生村官文化引领作用（朱明山，2018）。大学生村官作为新时代的"知青"，是助力乡村振兴的一支重要力量（黄治东，2018）。

二是如何培养适应乡村振兴战略的新型职业农民。

坚持人的全面发展，充分调动和激发广大农民的积极性、创造性，推动农业、农村、农民的全面发展（缪雨，2018）。依托"互联网＋"促进农村文化建设，让农民群众在共建共享中拥有更多获得感、幸福感，焕发昂扬向上的精神风貌（薛秀娟，2018）。非物质文化遗产的多元价值为农业农村现代化发展注入了强大的精神动力，通过传承非物质文化遗产来提高农民的文化素质。（王红英，2018）。优化农业从业者结构，优化乡村居民结构，加快培养造就一支懂农业、爱农村、爱农民的"三农"工作队伍（叶兴庆，2018）。"他山之石，可以攻玉。"韩国新村运动为中国乡村振兴战略中培育内生主体力量指明了正确方向（张俊、陈佩瑶，2018）。

（五）乡村振兴的实践探索（案例法）

除了从理论上构思乡村振兴战略，阐述乡村振兴的诸多重点、难点及热点问题外，学者们并不满足于理论研究，对乡村振兴这个实践性极强的问题，一些学者还深入生活实地观察乡村振兴在各地的操作，并将其上升到理论高度，提出了有理有据的建议。

王景新、支晓娟等以特色小镇与美丽乡村同建振兴乡村的案例和经验，说明新时代的乡村振兴必须对农村地域空间重构及其综合价值追求做出科学的规划和布局（王景新、支晓娟，2018）。郑风田、杨慧莲等将我国现存的村庄大致划分为 ABCD 四类，并指出研究者与制度设计者应在深刻理解村庄异质性特征的基础上分类制定差异化的乡村振兴策略（郑风田、杨慧莲，2018）。陈美球等在深入剖析黄溪村实践的基础上，提出乡村集体经济组织是落实乡村振兴战略的关键实施主体，坚持系统思维的土地使用制度创新则是推进乡村振兴的关键切入点（陈美球等，2018）。杨璐璐选择新型职业农民培育典型模式之一的湖州进行实证检验，构建了影响农民教育行为决策的理论模型，总结了影响农民培训满意度的因素（杨璐璐，2018）。詹国辉、张新文等基于江苏 S 县调研的基础数据，选取五个典型村落，建构出灰色关联度的共生模型（詹国辉、张新文，2018）。郑瑞强、朱述斌等基于江西寻乌实地调研信息，系统阐释了新型城乡关系的本质、发展趋势与短板，提出乡村振兴的七项举措（郑瑞强、朱述斌，2018）。

（六）乡村振兴的理论渊源

乡村振兴战略虽是一个新名词，但从第一代领导集体开始，都积极地在现有条件下探索解决"三农"问题的方式方法。就此而言，乡村振兴战略有其深厚的理论根基，体现了我党致力于解决"三农"问题上的一贯主张和理论的一脉相承。

从乡村建设运动到乡村振兴战略，不同的乡土重建方案始终关注"发展"议题的不同侧面。沿循中国乡土重建的历史脉络，可以显现出乡村振兴战略的时代价值及其总体布局的丰富内涵（叶敬忠，2018）。毛泽东乡村振兴战略的特质在于以合作社为载体实现农村的属地全面治理，《一九五六年到一九六七年全国农业发展纲要》的目标与党的十九大提出的"乡村振兴战略"的总要求"产业兴旺、生态宜居、乡风文明、治理有效、生活富裕"是一致的（尹胜，2018）。习近平总书记"三农"思想的浙江实践，是新时代中国特色社会主义乡村振兴思想的重要组成部分，为我们做好新时代"三农"工作提供了经验借鉴和范本价值（纪志耿、祝林林，2018）。

（七）乡村治理与乡村振兴的关系研究

乡村振兴离不开乡村治理，基层党组织和村委会是乡村振兴的带头者和参与者。国家号召乡村振兴，有一个落地生根的过程，乡村治理的合理性和有效性将推动乡村振兴战略在全国各地广泛开展。乡村治理的重要性不言而喻，它和乡村振兴的密切关系可见一斑。

一是发挥基层党组织的作用。农村基层党组织是乡村治理的根本力量和治理体系的中心，是实施乡村振兴战略的根本保障（蔡文成，2018）。各级党和政府要不断优化农村基层党组织的构建体系、发展壮大乡村集体经济、积极传承和复兴优秀传统乡村文化、有效提升乡村社会治理能力，进一步夯实农村基层党组织建设的组织基础、物质基础、文化基础和社会基础（霍军亮、吴春梅，2018）。

二是推动乡村自治主体的多元化。乡村振兴战略的推动主体不仅要加强内生型自治主体的培育，更要通过嵌入型的行政主体进行弥补式治理，从而形成合作互补乡村治理机制，协同推动乡村振兴战略的实施（张新文、张国磊，2018）。积极培育乡村社会自组织，构建"政府—乡村社会自组织—农民"多主体协同共治的乡村社会治理新模式，是实施乡村组织振兴的必然选择（于建嵘，2018）。

三是解决村干部选举问题的举措。在转型期的村干部选举中，矛盾冲突始终夹杂其间。欲取得治本的成效还需举国努力，除了顶层制度设计尚需不断完善，基层治理的关键还在于良好社会秩序和政治秩序的形成（张海荣，2018）。

综上所述，乡村振兴战略从提出到实施虽只有短短两年时间，但作为新时代国家的重大战略，引起了学界的极大关注。从国家层面来看，也迫切需要学界深入研究，为实践乡村振兴战略及取得实效提供智力支持。乡村振兴战略的研究成果喜人，在理论上不断深入，研究问题的角度呈现多元化趋势，研究内容涵盖了乡村振兴战略的方方面面，研究方法上运用了跨学科方法。在实践上，出现了以某地为主要研究对象的案例研究，使研究成果更具科学性和针对性。

但毕竟乡村振兴战略实施时间较短，政策在不断完善中，经验也在不断积累中，所以学界的研究成果也不同程度地存在着一些问题，需要进行更多的探索。第一，从乡村振兴战略的主体来看，学界多研究单个主体在乡村振兴战略中发挥的作用。但实践证明，乡村振兴战略的主体是由各种成分的人构成的复杂主体。在这个复杂主体中，起着带头作用的村委会成员和助力作用的大学生是重点人群，应该下功夫去研究。第二，调研方法只有问卷法，缺少了访谈法。实施乡村振兴战略靠的是人，人成为主要的研究对象。问卷法只能从表面上获取人们的信息，需要配合访谈来把握人们更深层次的想法，剖析问题的根本。第三，产业兴旺是实施乡村振兴战略的基础。生态文明建设是农村产业发展的指挥棒，各地应具体情况具体分析，将两者结合起来。课题组将以杭州萧山区为例，探索其发展乡村旅游、运动休闲旅游及现代农业发展状况，了解其存在的问题并提出对策。

三、实证调研分析

（一）问卷分析

人才兴则乡村兴，人气旺则乡村旺。乡村振兴要把人力资源开发放在首要位置。作为社会主义事业的建设者和接班人，大学生应自觉肩负起新时代赋予的崇高使命，抓住发展新机遇，为实施乡村振兴战略服务。为鼓励和吸引大学生流向农村并留在农村，支持乡村事业的发展，调查目前大学生对乡村和乡村振兴相关问题的基本看法显得尤为必要。

1. 问卷样本选择和来源

本次调查样本来源于浙江省九所高校，学校分别为：浙江工商大学教工路校区、浙江大学紫荆港校区、浙江工业大学、浙江理工大学、杭州电子科技大学、浙江同济科技职业学院、浙江建设职业技术学院、浙江旅游职业学院、中国计量大学现代科技学院。之所以选这几所学校，是经过对浙江省高校类型与分布情况的了解之后，以重点大学（211 或 985）、普通本科院校、高职（专科）院校、独立学院为划分依据，每一类都选择几所代表学校。浙江大学为重点大学代表，浙江工业大学、浙江理工大学、杭州电子科技大学、浙江工商大学为普通本科院校代表，浙江同济科技职业学院、浙江建设职业技术学院、浙江旅游职业学院为高职（专科）院校代表，中国计量大学现代科技学院为独立学院代表。以上学校基本涵盖了这四种高校类型。

本次调查时间为 2018 年 7 月 6 日至 7 月 9 号，调查问卷采取纸质问卷方式，共发放 400 份问卷，回收有效问卷 358 份。我们对合格的问卷数据经过初步处理得出数据的整体人口学特征：男性占 47.5%，女性占 52.5%；农村户籍占 45.5%，城镇户籍占 54.5%；重点大学占 9.5%，普通本科院校占 60.6%，高职院校占 26.8%，独立学院占 3.1%；大一学生占 25.1%，大二占 34.6%，大三占 22.9%，大四占 13.4%，研究生以及上学历占 3.9%；人文社科类占 25.1%，理工农医类占 28.5%，体育、艺体类占 22.3%，其他专业占 24.0%；中共党员（包括预备党员）占 31.6%，共青团员占 61.7%，群众6.7%，学生干部占50.6%。

2. 问卷调查结果分析

（1）认知情况分析

实施乡村振兴战略，呼吁和鼓励大学生加入乡村振兴中来，前提是要科学认识乡村振兴战略。通过表1可知，针对"您对国家提出的乡村振兴战略持何种态度"，表示非常赞同和赞同的大学生占比分别为15.6%和35.8%，9.8%的大学生表示不太赞成。通过对"您对实现乡村振兴战略目标的信心"调查结果显示，表示信心百倍和有信心的比例达65.9%。根据表2可以看出，在被问到"您听说过乡村振兴战略吗"时，38.2%的大学生表示非常熟悉和比较了解，略有所闻和从未听说所选比例达到61.7%。对于"是否了解具体内容"，只有6.4%的大学生表示非常了解，64.8%的大学生只了解一点或完全不了解。可见，当前大学生对于乡村振兴战略持肯定和积极态度，对于我国乡村建设和三农问题的有效解决具有一定信心，但对于乡村振兴战略关注欠缺，认知较为粗浅。进一步说明目前大学生对于振兴乡村多停留在情感认知层面，需进一步加强有关乡村振兴战略为何提出、如何实施及其意义等方面的引导，提高大学生理性认知水平。

表1 乡村振兴战略基本态度情况

题项	选项（%）				
	非常赞同/信心百倍	赞同/有信心	比较赞同/不确定	不太赞同/没信心	不赞同/毫无信心
1. 您对国家提出的乡村振兴战略持何种态度？	15.6	35.8	38.5	9.8	0.3
2. 您对实现乡村振兴战略目标的信心？	17.3	48.6	27.1	6.7	0.3

表2　乡村振兴战略基本认知情况

题项	选项（%）			
	非常熟悉/非常了解	比较熟悉/比较了解	略有所闻/了解一点	从未听说/完全不了解
1. 您听说过乡村振兴战略吗？	4.2	34.1	55.6	6.1
2. 您对实现乡村振兴战略目标的信心？	6.4	28.8	53.6	11.2

（2）态度和行为分析

根据描述性统计结果显示，64%的大学生表示通过网络信息平台了解到乡村振兴战略，同时有57%的大学生认为传统媒体是了解该战略的途径之一，学校宣传和教师授课等校园传播途径选择占比均不到被调查学生的30%。通过调查学生参与相关社会实践情况可知（见表3），经常参加下乡支教等与乡村振兴有关的社会实践活动的仅占3.1%，选择有几次的占比34.1%，大部分大学生（63.8%）表示很少甚至没有参加过此类活动。根据进一步调查显示，社团组织是学生参与乡村服务活动的主要渠道，将近一半学生选择该选项（43.9%）。由此可见，目前大学生对乡村振兴战略的关注主要借助于新闻媒体，并且很少参与服务乡村建设等相关社会活动，而高校作为理想信念教育和高素质人才培养的重要摇篮，对乡村振兴的宣传引领和支撑服务等作用发挥还不够。

表3　乡村振兴战略基本认知情况

题项	选项（%）			
	经常	有几次	很少	没有
您是否参加过下乡支教等与乡村振兴有关的社会实践活动？	3.1	34.1	35.2	27.7

（3）情感意愿分析

乡村需要大学生，需要愿意扎根农村的新青年，而"人才振兴"能否有效实施的关键在于青年群体的意愿。对于"您愿意毕业后到乡村工作，为乡村振兴服务吗?"，表达愿意的学生比例为55.9%，不愿意的学生为44.1%。根据进一步调查原因结果显示，国家政策支持力度大是驱使他们到农村工作的主要原因，有36.9%愿意回乡工作的大学生选择了该选项，用自己所学改变家乡面貌，回馈家乡（27.9%）和乡村生活压力小（22.1%）也是促使学生回乡的两大重要原因。针对大学生不愿意到农村就业创业的原因调查显示，机会少、薪酬太低、没有发展前景是阻碍他们加入乡村振兴战略的重要因素，分别有23.7%、17.6%和14.5%的大学生做出了肯定选择。除此之外，无法适应农村生活也是导致目前大学生普遍倾向于留在城市的又一原因。由表4可知，在回答哪方面鼓励大学生下乡就业创业政策具有吸引力时，生活福利待遇和个人价值提升方面的政策对于鼓励大学生回乡具有一定诱惑力。同时对于"您了解当地政府鼓励大学生回乡创业的政策吗"，相当了解和比较了解的大学生不到半数（47.8%），不太了解和没听说过的有52.2%。综上，面对城市压力逐渐上升为普遍社会问题，加上国家政策的号召和乡愁情绪的牵引，一部分当代大学生愿意逆流而上，满足于农村四方天地的一丝惬意。另一方面，客观存在的城乡发展差距，使得农村这个天地难以满足大学生的基本生活需求和个人理想抱负，致使部分大学生不愿意从城市回到农村。与此同时，涉及提高生活福利待遇即物质条件和个人价值实现即精神需求等鼓励大学生回乡的政策却并不为大多数大学生所熟知，在乡村振兴急需注入新鲜血液的当下，值得我们思考。

表4　乡村振兴政策吸引力调查

题项	选项（%）				
	薪酬	生活福利待遇	职位晋升	个人价值	贷款优惠
鼓励大学生下乡就业创业政策对你吸引力最大?	12.6	35.5	16.5	30.7	4.7

（4）人口属性影响分析

通过数据分析发现，不同人口属性的大学生对乡村振兴这一战略所持的态度、认知和行为有所不同，其中，户籍、政治面貌、是否为学生干部等影响较为显著。农村户籍的大学生，他们对乡村振兴认知程度就要高于城市户籍的大学生，对于"您是否了解乡村振兴战略的具体内容"49.1%的农村户籍大学生表示非常了解和比较了解，相反23.6%的城市户口大学生了解乡村振兴战略。同样，71.8%农村户籍大学生愿意回乡工作，而愿意去农村的城市户口大学生不到一半（42.6%）。44.2%的学生干部群体对于乡村振兴战略较为熟悉，非学生干部则只有32.2%。在回答"您愿意毕业后到乡村工作，为乡村振兴服务吗"时，62.4%的学生干部表示愿意，多达77.4%的非学生干部群体表示不愿意。不同政治面貌也呈现出类似特点，党员身份的大学生相比非党员对乡村和乡村振兴更为关注，走进农村的意愿和决心也更强烈。由此可知，如何在乡村振兴战略中看到不同性质的群体对此问题所持的不同态度，从而通过先进分子做好示范引领和带头作用，是我们解决城乡人才不均矛盾过程中值得推敲和思考的问题。

（二）访谈分析

实践小组通过走访萧山区"农办"和戴村镇戴村、上董村、沈村、尖下山村、方溪村、骆家舍村村委和村民，就乡村振兴战略实施情况进行了深入访谈。

1. 招商引资工作逐步推进

当前农村最重要的生产要素是土地，能否处理好农民和土地的关系，促进土地资源合理地开发利用，是乡村能否真正实现振兴的关键。访谈中我们发现，总投资200亿元集健康养生、户外运动、旅游生活、新型城镇化于一体的"银泰农旅小镇"将落户该镇，对戴村镇各村影响深远。戴村镇是老集镇区块征迁地，拆迁工作使戴村成为全区所有农村当中第一个进行高层房屋安置的集镇中心。村委表示："通过拆迁才可以盘活土地，进行招商引资，带来经济发展"。除400多亩流转给银泰打造"农旅小镇"的土地之外，上董村200多亩土地将用于威雅实验学校建设，盘活土地资源，为本地的进一步招商引资提供具有独特吸引力的教育资源配套。

2. 乡村旅游产业蓬勃发展

依托良好的地理位置和生态环境资源，戴村加快开发集山地运动、健康养生、生态观光、生活体验等为一体的休闲旅游产业，做实"旅游＋"文章。戴村镇各村积极搭乘乡村旅游这趟快车，打造各具特色的民宿，提供原汁原味的农家乐。作为全区首个民宿示范村，戴村镇尖山下村村内独有的民俗文化和自然景观，以及特色烤全羊等致使该村早已成为上海和杭州人的度假之选。戴村镇其他村庄也深挖本地旅游资源，打造各具特色的旅游景点。沈村以"三清茶乡，风情沈村"为发展定位，境内的三清园、国家登山健身步道、七都溪"网红泳池"、格桑花海等成了吸引游客的重要利器。上董村利用千年晋代窑址、九龙十三景及特有的红色基因，正在努力创建 A 级景区。在戴村镇，乡村旅游发展真正实现了"农村增美、农业增值、农民增收"。

3. 基础设施建设不断完善

随着农民生活水平的提高，农民群众对农村公共服务的需求在不断增加，包括交通建设、环境整治、自来水供给、厕所改造等在内的有关民生改善的农村基础设施建设是老百姓目前最迫切需要满足的需求。戴村镇各村从村民最关注的地方入手，向问题最突出的地方叫板，努力解决基础设施及旅游硬件设施完善问题，最大限度地提高老百姓获得感。我们通过调研发现，戴村这几年最大的变化即交通的发展。"四好农村路"构建了内外畅通的交通大格局，沿着时代大道"两带两廊"将戴村与西湖牵了起来，从原本的郊野乡村一下子"升级"为离市中心半小时车程的"全域城市化"区块。在整体环境改善的同时，戴村镇各村针对各自发展问题，积极施策，做好民生工作。戴村以五水共治为重点，以垃圾分类为抓手，持续推进乡村魅力环境整治。面对越来越美丽的村容村貌，老百姓认可度高："现在家乡发展可快了，房子都是新建的，而且路上的卫生清洁做得也比较好，都看不见街上有垃圾了"。沈村围绕乡村旅游资源开发，计划推进沈村幸福路建改造工程，改善交通。同时通过新建停车场、小卖部、两个 3A 级厕所、更衣室等以完善天然泳池旅游环境设施。戴村镇的民生工程还有一个典型事例，即骆家舍村搬迁工作。作为全区海拔最高的行政村，骆家舍村是萧山区最大的地质灾害隐患点，泥石流等地质灾害时有发生，极大威胁了农户生命财产安全。2018年3月，骆家舍地质灾害避让搬迁工作启动，根据当前规划，骆家舍村近百户村民将迁入新安置地，拥有学校、医院等完善的生活配套设施，这是以往住在山上的骆家舍村民想都不敢想的。

4. 大学生村官发展面临窘境

实现乡村振兴，人才是关键所在。毋庸置疑，作为扎根基层的排头兵，大学生村官一定会是乡村振兴的重要一员。然而，相比于刚刚盛行之时各基层对大学生村官的普遍欢迎，到现如今大学生村官的重要性越来越不明显，戴村对大学生村官这个身份也存在不同的声音。"我们这里很需要大学生村官，但是上面没有相应支持"；"目前我们班子成员有五名大学生，其中有一名本科生，也不是特别需要年轻大学生。同时，大学生实践工作经验欠缺，不一定能够胜任基层管理工作"。也有村委表示："我们村里没有大学生村官，上了年纪的村干部普通话普遍不好，很希望有大学生来参与乡村振兴建设，但大学生村官没有编制，镇里合同工工资低，没有盼头"。戴村镇目前为数不多的大学生村官之一这样讲到："现在大学生村官成了负担，萧山地区村官的作用没有得到很好的发挥，主要是做文字工作，没有独立的工作内容"。各村村委的不同回答和大学生村官代表对这一职业生存环境的看法反映了目前大学生村官存在的名不副实、薪水低、发展受局限等问题。大学生村官不应该只是过渡性的政策，而应该是农村发展人才引进的重要策略，必须进一步完善大学生村官制度体系，以留住人才造福广大乡村。

四、戴村镇乡村振兴发展成效及存在问题

得益于顶层设计和执行力强的村委委员，在一年多的时间里，戴村镇脚踏实地地践行着"乡村振兴战略"。因优越的区位地理条件、优美的自然环境及厚实的物质基础，戴村镇取得了骄人的成绩。在看到成绩的同时，通过多地的走访和深入的交流，我们也发现了在成绩背后暗藏的危机。

（一）戴村镇乡村振兴发展成效

近年来，戴村镇紧紧围绕建设"杭州南花园，城市新阳台"的发展总目标，在乡村振兴发展道路上做了深入探索和积极实践，成为萧山乡村振兴的标杆。

1. 以文化礼堂建设为支撑，不断加强乡风文明建设

乡村振兴必须坚持物质文明和精神文明一起抓，提升农民精神风貌，不断提高乡村社会文明程度。通过调研发现，分布在戴村各村的文化礼堂已经成为重要精神宣讲、乡村文化展示、文娱活动开展的重要窗口和场所，是基层文化建设的重要阵地。尖山下村文化礼堂是浙江省首批五星级文化礼堂，是该村村民的文化乐园，也是对外文化的一张名片。来到尖山下村的文化礼堂，我们最先看到的是外面的文化长廊，展示的内容既有表达主流价值的规范元素，也有结合该村实际的特色元素，让人们在短时间内了解尖山下村的文化发展脉络。"马灯尖山下、亿年火山峡"是该村品牌。这几年尖山下村每年都会举行品牌文化艺术周活动，每次活动村民都会齐聚一堂、载歌载舞，赢得村里男女老少的喜爱。姜书记这样形容本村的文化礼堂："麻雀虽小，五脏俱全"。沈村村内虽然只有一个两星星级的文化礼堂，但却为女子军鼓队、排舞队、健身队、联谊队、越剧队、太极拳队等自发组织的村民俱乐部提供了一个排练和表演的场所，是村内最热闹的地方。文化礼堂是农民的精神家园，是乡村振兴、凝魂聚气的地方。戴村以文化礼堂为载体，组织开展系列丰富的文娱活动，丰富了村民的精神生活，推进了乡风文明建设。

2. 以网络媒体宣传为平台，努力创响精品旅游品牌

"酒香也怕巷子深"，相比于城市，知名度是乡村发展特别是乡村旅游宣传和品牌打造最明显的短板。不少乡村旅游景点由于闭塞的环境，处于"养在深闺人未识"无人问津的状态，发展旅游经济就成了一纸空文。"网红泳池""网红映山红"，沈村和骆家舍村村干部在介绍本村旅游景点时都不约而同地用了时下流行的"网红"这一词汇。通过网络等媒体推送图文倾情介绍，沈村泳池去年被民间冠以"网红泳池"，今年人气依旧火爆。天然泳池不仅带来了源源不断的客流，也让村民们的腰包鼓了起来。暑期播出的中央

电视台《乡村大世界》主题系列节目《家乡》，正是在美丽的戴村镇三清园大草坪完成录制的。本期节目由 16 个精彩节目串联而成，展现萧山独特的历史文化、风景名胜、地理物产、乡风民俗等，并通过娱乐化的艺术形式，全方位地展示和宣传萧山和戴村。可见，戴村乡村旅游的发展正是得益于解决了"不为人知"这一难题，通过传统媒体平台以及微信、微博等自媒体平台等传播力量的介入，戴村乡村旅游得以快速发展。借助于媒体的力量，戴村知名度、美誉度和影响力不断提升，不少人记住了戴村，也为戴村乡村振兴的深入开展提供了更多机遇。

3. 以治理体制改革为保障，积极整合社会组织力量

乡村振兴，治理有效是基础。因此，必须整合社会各方力量，建立健全各级党委领导、政府负责、社会协同、公众参与、法治保障的现代乡村社会治理体制。在不断探索乡村治理路径的过程中，加强基层政府与乡村社会的互动，实现政府治理、社会参与与基层自治的合作共治格局。[2]戴村镇各村以村委为中心，积极调动社会各界力量，强化农民和民间自治组织的作用，整合资金、人才、技术等资源，提高公众全面参与乡村振兴大战略。在戴村镇乡村旅游发展过程中，独具乡村生活特色和风情的民宿产业异军突起，成为推动乡村振兴的重要力量。随着当前戴村民宿数量的迅猛增长，房源季节性紧张、旅游硬件设施尚未配套完善等问题也逐渐呈现在自主经营家庭民宿的村民面前，这让大家意识到必须群策群力才能进一步扩大民宿发展空间，因此，戴村镇民宿行业协会应运而生。民宿协会定期组织会员开展培训交流活动，做好政府与会员信息互通共享工作，整合散落资源，推动行业规范化经营，打响戴村民宿品牌。再如，尖山下村书记在回答村内经费开支来源时提到"我们成立了一个乡亲帮扶会，已经有八年了，是第一个自发的基金会，在不影响生活的条件下每个人每天捐 10 元，从最初的村内村民到慕名而来的村外人，基金会规模越来越大，募捐善款将用作村里的突发事件处理和特殊人群帮扶的资金"。帮扶基金会成功汇聚了村内外各方爱心力量，带动全社会共同参与支持帮扶等社会治理工作，逐渐成为尖山下村乡村振兴一股不可忽视的力量。通过整合资源、搭建平台等措施培育乡村社会组织，发

挥社会第三方力量的优势，这样才能确保乡村社会充满活力。

4. 以结对帮扶共建为契机，全面提升精准振兴效果

木桶效应认为，木桶装水的多少是由最短的那根木板决定的，只有把最薄弱的环节补齐，才能达到整体的提高。如前文所述，在当前的城市化快速发展阶段，由于地理环境、自然资源等因素，农村发展也存在着不平衡现象。全面实施乡村振兴战略，需要聚焦贫困落后村，抓重点、补短板，结对共建、精准发力。萧山区机关单位着力推动机关资源向乡村倾斜，实现结对共建，共同助推乡村振兴。在戴村镇骆家舍村进行调研期间，我们正好遇到萧山区发改委干部下村进行民情走访。茅科长表示区级机关各部门（单位）全年结对帮扶集体经济发展，进村开展结对帮扶工作，原则上每月要深入结对村不少于一次，开展实地调研和走访工作，联系服务群众，落实帮扶措施和对帮扶村的指导和服务工作。面对帮扶共建过程中是否存在流于形式，遇到问题是否推诿、躲避等质疑时，结对村干部说道："从去年结对走访至今，我们村很多方面的工作都有所推进，作为全区仅有的还没有搬迁的地质灾害隐患区，特大暴雨都有可能引起泥石流，上级部门帮助我们统筹解决整体搬迁问题，抢在第一线推进。另外，文化礼堂建设和森林防火集水池建设也是在结对帮扶之后才取得了重大进展"。以结对共建为契机，转变干部作风、服务基层群众，加快推进农村扶贫开发，为乡村振兴再添助力。

（二）戴村镇乡村振兴发展存在问题

戴村镇在乡村振兴中存在的问题是一个错综复杂的问题，既包含着人的因素，也存在着物的因素。我们应全面地看待问题，通过扎实的调研将其一一揭开。

1. 精准规划难落实

随着农村经济的不断发展，村庄规划和建设持续升温，农民的生活条件明显改善，但建筑千篇一律、千村一面现象仍然突出。虽然戴村镇整体定位和规划明确，但由于乡村的发展不平衡，部分村没有实现规划先行、精准施策，导致村与村之间缺乏特色和差异。戴村镇正在打造精品民宿体验区，众所周知，发展民宿产业除必须具备自然资源、人文资源、交通条件等硬件

外，还要有支持民宿产业发展的软环境，解决旅客吃、住、行、游、娱、购所有环节，这样才会真正助力乡村振兴。但戴村镇个别旅游资源并不丰富的普通村庄也在高唱发展民宿经济，显然难以保证民宿服务质量和效益，如若供大于求，则会对戴村整体精品民宿打造产生负面效应。乡村振兴是一项系统工程，需要人力、物力、财力的有机结合，人才、资源、战略的有效统一，牵涉利益多，统筹难度大。在没有科学把握地域特色、民俗风情、文化传承和历史脉络的基础上，忽略实际情况，盲目搞一刀切、统一模式，不利于打造各具特色、不同风格的美丽乡村。

2. 资金投入难保障

实施乡村振兴战略需要巨额的资金投入。2018 年中央一号文件明确要求："实施乡村振兴战略，必须解决钱从哪里来的问题。要健全投入保障制度，创新投融资机制，加快形成财政优先保障、金融重点倾斜、社会积极参与的多元投入格局，确保投入力度不断增强、总量持续增加。"戴村镇主要依靠联合萧山城投集团，首创"镇街 + 平台"的合作模式，保障了资金需求，达到了"城市共建、项目共引、成果共享、合作共赢"的良好局面。但我们在调研中发现，资金问题仍然是各村普遍认为的制约本村发展的主要障碍。日常活动资金不足导致有些规划方案难以大刀阔斧地开展。有村负责人提出："乡村卫生费就是一项巨大的开支，资金问题导致难以做到尽善尽美"。同时，我们发现，戴村镇整体经济较为发达，但仍存在着发展不均衡问题，不少村庄由于地理位置、历史等原因，发展相对滞后。相比有产业支撑的乡村，部分村的主要经济收入来源于村集体公房的出租以及村集体土地的征用，收入来源的单一，阻碍了乡村振兴的持续发展。

3. 人力资源难开发

党的十九大报告提出，实施乡村振兴战略，要培养造就一支懂农业、爱农村、爱农民的"三农"工作队伍，人才振兴是乡村振兴的关键。21 世纪初以来，从我国人力资源流动和转移来看，农村中青年人力资源不断向城镇转移，但是这种生产要素的流动是由农村向城镇的单向转移。它尽管为我国工业化、城镇化的快速推进提供了强有力的人力支撑，带动了农村家庭收入水平的提高，并为规模化、集约化的现代农业发展提供了空间，但同时也带来农村优质人力资源的流失，从整体上降低了农业生产经营者的素质。[3]通过调研发现，戴村镇各村也与众多农村一般，年轻人普遍进城、农村老龄化严重，人才缺失是不争的事实。"看一个村子有没有潜力，好不好，看村子里的年轻人多不多"，方溪村陈支委如是说。缺少一支庞大的、高素质的、有情怀的"三农"工作队伍，成为戴村镇乡村振兴面临的巨大问题。

在人才振兴过程中，大学生应自觉肩负起服务经济社会发展的崇高使命，为实施乡村振兴战略服务。通过前文问卷分析发现，对于"您愿意毕业后到乡村工作，为乡村振兴服务吗"这一问题，只有55.9%的大学生表示愿意。进一步调查"您愿意到农村就业创业的原因是什么？"发现，国家政策支持力度大是这些人愿意回乡工作的最普遍的原因。的确，为了鼓励广大农村青壮年回乡创业，国家从政策层面也给予了大力支持，不少农村创业项目都可以申请到国家的相关补贴，而且还有税收减免等相关的优惠政策。但通过对"您了解当地政府鼓励大学生回乡创业的政策吗？"调查显示，有一半以上大学生（52.6%）不太了解甚至没有听说过。政策落实及上传下达过程的时间差，导致众多大学生难以第一时间掌握相关政策而丧失回乡创业的动力。基于有44.1%的大学生表示不愿意去农村工作的原因调查结果分析，我们不得不承认国家在农村基础设施建设和公共产品服务上欠缺太多，乡村的工作条件、生活条件与城市也有很大差别，传统农村缺乏吸引力。同时，农业收入远低于二、三产业，再加上对农村人力资源开发投入不够，客观上也加剧了农村人力资源日趋匮乏，已成为制约乡村振兴的突出瓶颈。戴村镇某村唯一坚守至今的大学生村官说道："我们在农村也就是做文字活，没有大的用处，干不下来、融不进去、留不住人、解不了题，其他村官基本已经离开农村，这批人成了一个负担。""现在村干部待遇慢了节拍，村里的工作任务重，家里的经营也受到影响，学历高、能力强、素质高的年轻人不愿意当村干部"。村干部是党和国家农村方针政策的直接执行者，但村干部岗位吸引力不够强，存在后备不足、无人愿意干的窘困局面。乡村振兴战略之下农村技术人才、经营人才、管理人才普遍缺乏，已经成为包括戴村镇在内的乡村发展的主要障碍。

4. 基层思维难转变

要真正实施乡村建设，必须重点关注群众的思想"振新"，意识提升是乡村振兴的内在要求。为了抓住"后峰会、前亚运"的绝佳机遇期，走在"大湾区、大花园"建设的最佳跑道上，实现乡村振兴重大突破，戴村镇村干部变"白天群众没时间跑政府"为"夜晚干部加班跑群众"，有效转变百姓意识支持当地发展。但由于受惯性思维影响大，仍有部分农民固守传统发展理念，局限个人和眼前利益，发展意识淡薄，安于现状，缺乏求新、求变、求异的开放革新理念。戴村镇各村委在此方面做了众多努力，但光靠村委个别群体的努力还远远不够。如方溪村将富余集体土地出租以壮大村集体经济一事，村民因没有得到直接利益，而不赞同村委的做法，甚至出现极端阻挠行为。村民的不支持大大打击了该村村干部工作的积极性和发展规划实施的有效性。乡村振兴，只有解决了思想问题，全民一条心，有了迫切的发展愿望，其他问题才能迎刃而解。

五、对策

"乡村振兴战略"提出至今不过短短一年多时间，一切都在摸索中。戴村镇面临的问题也是不少乡村在发展中的共同问题。虽是共性的问题，解决的方法却因地各异，各地应根据本村的具体情况具体分析。就戴村镇而言，我们认为应该在政策引导、人才引进、资金保障等方面花大力气解决问题。

（一）精准规划，用心施策

1. 挖掘潜力，"一村一品"，形成特色，不同质。

目前，为贯彻落实乡村振兴战略总要求的"产业兴旺"，各地的基本做法是"三产融合"。"三产融合的典型是发展休闲农业和乡村旅游……过多乡村发展三产融合的新业态，就必定会造成同质竞争，从而导致分散市场，造成三产融合的亏损。"[4]虽戴村镇有区位优势和资源优势，但同质竞争也无法避免。各村基本上依赖山林江河等自然景观，人文资源挖掘不足。

而尖山下村挖掘了民俗文化"马灯"和自然景观"火山峡"，将两者合二为一，精心打造了"马灯尖山下，亿年火山峡"的旅游品牌，还编写了村歌，成为"民宿示范村"。因其异质性，在竞争者中脱颖而出。所以，各村要不断挖掘本村的人文精神和文化遗存，以"文化＋旅游"的形式来丰富休闲旅游业，提升其品质，形成"一村一品"，让游客品尝不同风格的乡村旅游，留住游客的心。如何挖掘文化内涵呢？可以聘请村里的乡贤主管，村委成员协助，村民参与。挖掘不能仅停留在形式上，如建一个名人纪念馆、开办一个民俗节或展示某个文化遗产，而是要把力气花在本村如何汇聚和产生了这种人文精神和文化遗存上；花在旅游如何结合这种人文精神和文化遗存上；花在这种人文精神和文化遗存对于人类的普遍性意义上，力争做到文化＋旅游的无缝对接，戴村镇必将会吸引更多人来旅游休闲。

2. 产业联动，因地施策，守住根基，不乱为。

贺雪峰教授曾指出当前中国存在着普遍分化所形成的不平衡，首先可以区分出东南沿海城市一带地区的农村和广大的中西部农村。现实情况是不仅东部和中西部农村有着巨大的差距，即使同处东部同一个镇，差距也存在。戴村镇各村之间的差距显而易见，地理位置偏远、山多地少的乡村发展比较缓慢。为着力解决好各村发展不充分、不平衡问题，各村可以通过"产业联动"，充分利用本村的生态优势和产业优势对接城区，大力实施乡村振兴战略。

在骆家舍村，我们遇到了前来洽谈合作事宜的何总。骆家舍村虽地理位置偏僻，但自然资源丰富、环境优美，具有巨大的潜在优势。其他村的土地基本上都被征用了，独该村因地处偏僻山区，而留有大量的空置林地。这引起了何总的极大兴趣，他准备到骆家舍村开发投资。他主要利用当地的资源，结合自身在苗木领域的优势，聘请农科院专家，进行农特产品种植，发展农业观光产业。相对依赖山水景观的乡村旅游，农业观光产业因其特有的体验性，势必会引起更多人的兴趣。

除此，还可以发展各种农业合作社。如上董村的葡萄合作社有100亩地，效益不错。但因为村里的大部分土地都被征用了，基本上没有扩大种植规模的可能了，村里其他人也就失去了加入合作社的机会。各村可以根据本村的农产品特色，发展合作社，共同应对市场的挑战。说到底，为农民留下一块地，让他们和土地实现有效结合是必要的。"只要有土地，农民不仅可以从土地上获得收入，而且正是农业生产让他们有了生命的意义，有了存在的自我肯定，有了建立在农业生产基础上的熟人社会关系，以及有了生活的节拍与节奏。"[4]

随着中国老龄化社会程度的不断加深，养老产业方兴未艾。戴村镇地理位置优越，山水卓绝，社会基础设施配套成熟、服务完善，完全可以打造成养老胜地。"要创造条件激励社会资本投入农村振兴事业，促进适合农村发展的产业、项目、技术分流到农村，鼓励万企万村对接，以提高农村技术水平、产业兴旺程度和现代化程度。"[5]从戴村镇招商引资情况来看，商业中心、教育产业等是主导产业，可以在此基础上，再行扩展，使这些产业形成联动效应。

（二）开源节流促发展

"乡村振兴"战略的实施需要的是战略和资金的互相扶持，光谈战略的振兴是不可取的，只投入不提战略也是不行的。解决资金保障难的根本是开源节流。

因为村子现在还没有创造巨大经济效益的能力，所以只能尽量地省钱和创造应有的利益。在此基础上，还需要聘请专业的团队对乡村的项目进行风险评估以及规划整体旅游建设，确保每一分钱花在人民迫切需要改变的地方。

开源一要合作共赢谋发展，努力在各村间达成共识，让各村各展其能，组建旅游产业链。比如：骆家舍村在文化艺术领域有自己的特色——跳马灯；沈村村庄的民营自主项目——"网红"浴池；方溪村庄内的山区绿林资源开发。我们可以将各个村的旅游产品串起来，构成一条特色旅游产业链。二要自力更生展特色。利用本村特色创造经济效益，如发展精品民宿，将村庄里面的名人故居打造成教育基地，提升农家乐项目，将历史融入生活，将商业融入遗产。

节流一要专款专用，资金要花在刀刃上。比如旅游休闲业的发展造成了村庄环境问题突出,一旦环境污染,不仅客源减少,还会严重影响村民的生活品质。应着重搞好环境治理,召集村庄人员对道路、水源等地进行整治。在人口外出多的村庄,村集体可以长期租用村民的闲置房屋,发展民宿或养老公寓。这样不仅能增加留守村民收入,还可以吸引青壮年回村发展,解决"空心村"的问题。二要减少不必要的开支和人情往来。对村子未来发展有益的事,不怕花钱,但凡涉及面子工程,一律不予批准。虽然在资金不充足的情况下,很难大刀阔斧,但也可以润物细无声,慢慢滋养,做好铺垫工作,等以后有机会,把握机会再大力发展。三要专款专用聚人心。村委可以多组织"扶贫助老"活动。骆家舍村有"爱心捐款"项目,每年将筹集到的钱用于资助村里的贫困老人,为他们送去温暖。村委还经常走访村里的贫困户,嘘寒问暖,给干群关系增添不少人情味。

(三)营造大学生"上山下乡"新氛围,留住人才,振兴乡村。

振兴乡村的重点是人才。首先要立足本地村民,加快培养新型职业农民,"以新型农业经营主体带头人、农业职业经理人及骨干农民培育为重点,创新培训机制,强化能力素质提升、生产经营服务和产业政策扶持等,帮助职业农民快速成长。"[6]为了配合乡村振兴的步伐,还不能仅限于此,应加大力度引进人才,建立"内养"和"外引"的双重人才储备机制。在戴村镇的调查发现,大学生村官没有彻底释放能量,作用有限。究其原因,主要是戴村镇各村的"两委班子"成员基本上都是大专以上学历,实践经验丰富,普遍对大学生村官的能力持保留态度,不敢放手让大学生村官做事。大学生村官基本上处于闲置状态,主要做一些文字处理工作。戴村镇的大学生村官绝大部分通过公务员考试离开了农村,做村官成为一块"跳板",大学生村官也没有把全部精力放在乡村建设上。近两年,戴村镇的大学生村官也越来越少。这里有两个问题值得思考:一是大学生村官真的没用吗?二是农村真的不能施展抱负吗?解决第一个问题,需要各村的"两委班子"成员信任大学生村官,放手让大学生村官做事,帮助他们更快成长。在政府层面,大学生村官原有的五条出路仍有拓宽的空间。可以在大学生村官群体中进行大规模地摸底调查,深入了解大学生村官的想法及未来发展规划。结合当前就业发展趋势，急人所急，为大学生村官提供更多的就业及发展途径，让大学生村官在任职期间能安下心、踏踏实实地工作。第二个问题需要大学生村官摆正位置，把大学生村官的经历作为人生的"磨刀石"，树立为老百姓服务的意识，在农村这片广阔天地中实现自己的抱负。

大学生村官数量有限，解决人才短缺问题还要吸引大学生回乡就业创业。在新时代，引导大学生"上山下乡"是乡村振兴的必然要求。同时，它还能解决大学生就业难题和城乡人才分布不均匀等根本性矛盾。如果能成功实施，则是一个两全其美之策。具体而言，引导大学生"上山下乡"要从高校和政府部门两个层面下力气。

第一，高校抓好宣传教育工作，让大学生把个人的理想和"乡村振兴战略"有机地结合起来。在走访调查中，一半以上的同学表示喜欢农村，但不太了解"乡村振兴战略"。"乡村振兴战略"提出快一年了，但大学生对它的内涵、进展及大学生的责任等并不熟悉。在此基础上，要求大学生树立献身"乡村振兴"的意识就更不可能了。因此，当务之急是高校加大对"乡村振兴"的宣传和普及力度，思想政治课可以作为主要的宣传阵地，通过课堂讲授、讨论、实地参观调查、就业指导等让学生全面了解"乡村振兴战略"。除此，高校还可以出台相关的鼓励大学生回乡就业创业的政策，对他们进行物质和精神的激励，肯定他们的选择，使之成为一种风向标。高校还可以广泛宣传在农村挂职锻炼的党员干部、毕业回乡创业就业的校友及大学生村官等，邀请他们定期回校和大学生交流，树立典型，做好示范工作。通过这种宣传教育，鼓励大学生把理想融入现实，将个人的远大抱负和国家发展战略有机结合，抓住机遇，实现理想。对涉农类大专院校来说，培养一批有情怀、懂农业、想创业的新型"三农"人才更是责无旁贷。农业大专院校要明确办学定位，"强化面向农村和农业的职业技术教育体系建设，实现创新创业教育与专业教育的有机融合……"[7]。

第二，政府部门要解决大学生的后顾之忧，让政策赢得大学生欢心，让农村留得住大学生的真心。让大学生愿意"上山下乡"，最根本的是解决大学生的后顾之忧，例如工资待遇问题、户籍问题、社会保险问题、发展前景问题等。只有解决好大学生"上山下乡"的顾虑，大学生才能"眼望星空，脚踏大地"，回乡就业创业。一个地方要想留住大学生，政策必须暖人心。一要在人才引进机制上面下功夫，如设立大学生人才发展专项资金，由大学生进行项目申报，政府部门择优资助。还可以为大学生开辟创业园，在税收政策、场地租赁等方面给予优惠待遇。二要关心大学生的日常生活，摸清大学生的生活需求，为大学生提供生活休闲娱乐等配套服务，丰富便利大学生的业余生活。因此，只有加快实施农村城镇化战略，拓展农村发展的深度和广度，形成良性的人力资源流动机制，大学生才能真正留下来、融进来、干下去。

（四）解放思想，创新方法，以"公仆之心"化解群众顾虑。

解决群众的思想困惑，对基层工作人员来说永远是个问题。只有拧成一股绳，大家齐心协力才会突破困境。

第一，解决好"为了谁"的问题。对基层工作人员来说，就是为了本地的村民。基层工作人员应牢牢记住"人民群众对美好生活的需求就是我们的奋斗目标"。因此，乡镇及村委的一切工作都应紧紧围绕这个目标。乡村振兴的最终受益者只能是人民群众。基层工作人员要将这个道理明明白白地告诉村民，争取他们的理解和支持。如戴村镇大力发展乡村休闲旅游，其收益都会在第一时间惠及所有老百姓。乡镇可通过改善村庄卫生环境、修建休闲娱乐场地、帮助村民通过旅游经营增加收入等获得村民支持。

第二，通过宣传让老百姓知道"做什么，怎么做"。由于文化程度有限，有些村民没有远见，只关心个人利益和眼前利益。为此，基层工作人员要多亲近老百姓，和他们交心，把乡镇发展的规划说给他们听，帮他们解决生活困难和思想困惑。

第三，坚决清除政治上的小农意识，树立正确的价值观和名利观。不是所有人都理解基层工作人员的所作所为，也不是所有村民都会配合基层工作人员的工作。面对这些"小农意识"很重的村民，基层工作人员应该做好分内事，注意工作的方式方法。正如习近平总书记所言"群众拥护不拥护是我们检验工作的重要标准。党中央制定的政策好不好，要看乡亲们是哭还是笑。要是笑，就说明政策好。要是有人哭，我们就要注意，需要改正的就要改正，需要完善的就要完善。"促进基层老百姓思想转变，既要有耐心，也要有恒心，切勿急于求成，一看说不通就采取强硬态度甚至违法乱纪。每位基层工作人员的态度，都代表了党和政府的态度，应谨言慎行，自觉维护党和政府的公信力。这样才能真正让老百姓口服心服，在群众面前树立威信。

村委要努力团结大家实现乡村振兴的共同目标，将必胜、必赢的观念融入大家的脑海。乡村建设靠的是人心齐，凝聚人心共同建设我们的美好家园。

参考文献：

［1］马克思恩格斯选集［M］．北京：人民出版社，1995：243．

［2］张新文，张国磊．社会主要矛盾转化、乡村治理转型与乡村振兴［J］．西北农林科技大学学报（社会科学版），2018（3）：68．

［3］张军．乡村价值定位与乡村振兴［J］．中国农村经济，2018（1）：2－10．

［4］贺雪峰．关于实施乡村振兴战略的几个问题［J］．南京农业大学学报（社会科学版），2018（3）：19－26．

［5］刘合光．激活参与主体积极性，大力实施乡村振兴战略［J］．农业经济问题，2018（1）：14－19．

［6］张照新．以乡村振兴战略引领新时代农业农村优先发展［J］．学术前沿，2018（2）：34－39，77．

［7］张怀英．农村创业助推乡村振兴的模式选择及其实现机制［J］．吉首大学学报（社会科学版），2018（3）：92－98．

附 录

学生心得体会

这次社会实践让我受益颇多。在团队中，我们共同成长、相互协作。我们发现接触社会、融入社会是生活中学会感悟的最好形式；是培养锻炼才干的好渠道；是提升思想境界、修身养性，树立服务社会意识的有效途径。

通过社会实践活动，有助于我们在校学生更新观念，吸收新的思想与知识。一个星期的社会实践一晃而过，却让我从中领悟到了很多东西。社会实践拉近了我与社会的距离，也让自己在社会实践中开阔了视野。

大学是一个小社会，步入大学就等于步入"半个社会"。我们不再是象牙塔里不能经受风吹雨打的花朵，通过社会实践的磨炼，我们深深地认识到社会实践是一笔财富。社会是一所能锻炼人的综合性大学，只有深入社会、了解社会、服务社会，投身到社会实践中去，才能使我们发现自身的不足，为今后走出校门，踏进社会创造良好的条件；才能使我们学有所用，在实践中成才，在服务中成长，并有效地为社会服务，体现大学生的自身价值。

今后的工作建立在过去社会实践活动经验的基础上，不断拓展社会实践活动范围，挖掘实践活动、培养人才潜力。坚持社会实践与了解国情、服务社会相结合，为国家与社会的全面发展出谋划策；坚持社会实践与专业特点相结合，为地方经济的发展贡献力量，为社会创造新的财富。

这一次的社会实践使我明白：大学生只有通过自身不断努力，拿出百尺竿头的干劲，胸怀"会当凌绝顶"的精神，不断提高自身的综合素质，在与社会的接触中，减少磨合期的碰撞，加快融入社会的步伐，才能在人才高地上站稳脚跟，才能扬起理想的风帆，驶向成功的彼岸。

——17 电子商务 1 班　陈聪

今年暑假和往常不同的是，我没有待在舒适的空调房里，也没有捧着西瓜看着电视。为了响应国家号召、锻炼自我、提高社会实践能力，我顶着烈日炎炎，跟着老师同学们前往萧山区农村，开展了挥汗如雨的"乡村振兴"调查活动。通过这次实践的磨炼，我深深地认识到社会实践是一笔财富，社会更是一所能锻炼人的大学。

实施乡村振兴战略，是党的十九大做出的重大决策部署，是决胜全面建成小康社会、全面建设社会主义现代化国家的重大历史任务，是新时代"三农"工作的总抓手。

经历了将近一周的社会实践，我感受到了农村基层党员干部务实的工作态度和全心全意为人民谋利益的无私奉献精神。此外，在这次实践中，根据我的亲身体验、亲眼所见、亲耳所听，我对萧山区的农村发展现状有了更多更深的了解。

这次调查让我们了解了很多村近几年一直在努力打造美丽乡村，为真正落实"乡村振兴"战略做了不少工作。全体村民在村委的带领下，同心同德地拓宽道路、治理环境，积极打造休闲旅游区。戴村的丁书记告诉我们，他们一直致力于打造农旅小镇，以旅游休闲和农业观光为主要经营项目。不仅如此，村委对村民的民生问题也相当重视，为老年人购买意外保险，对残疾人、困难学生、重病患者等进行扶助。通过和村民的交流，我们知道不少村正在进行拆迁，通过引资共同开发，为老百姓谋利。在对大学生村官的调查中，骆家舍村的杨春玲是已经当了十年的大学生村官了，她的话让我们感受到了村委会办公地点的简陋和村民创业的艰辛。村里人才少，考出去的大学生不愿回村，他们希望留在城市找到更好的发展机会。我们呼吁大学生能回乡就业创业，用一己之力建设自己的家乡。这几天我们仔细聆听了戴村、上董村、尖山下村等六个村村委的讲述，零距离地接触农村、走进农村，每一天遇到的事都在我脑海里回旋。

"千里之行，始于足下"，这短暂而又充实的暑期社会实践，让我真正地体会到了"始于足下"的味道，让我们逐渐了解社会，开阔视野，增长才干，在社会实践活动中认清了自己，发现了自己的不足，这在无形中使我们对自己的未来有了一个正确的定位，增强了自身努力学习知识并将之与社会相结合的信心和毅力。我们即将走上社会，更应该提早走进社会，暑期社会实践正是大学生实现全面发展的舞台。

——17 经管班 王丽娜

暑假可以很凉快也可以很火热，你过得都是你选择的生活。所以别在事发后抱怨什么，因为那样并没有什么用。

"大一"暑假我参加了"问计于民，读'无字之书'"暑期社会实践小队，以前从未参加过此类活动，所以很激动。

前期我们查看了相关资料，并在几所不同性质的高校对大学生进行了问卷调查，初步了解了大学生对乡村振兴战略的看法，这对我们后续工作意义很大。可以说没有前期的调查，我们对于乡村振兴战略的了解也不会深刻。

接下来的行程，我们一共走访了 6 个村子，2 个工厂。首先我们去了戴村镇农办接洽了调查事宜，也得到了农办大力支持。随后，我们走访了戴村镇的蓝达工艺制品有限公司和普林派特涂镀科技公司。我们与公司的管理人员进行了交流，从中我们也了解到这类公司对人才的需求和他们对于乡村振兴战略的看法。交流之后我们还参观了工厂，工人们都井井有条地工作。两个公司对党建和团建工作都很用心，活动丰富多彩，满足了大家的精神需求，提升了党组织和团组织在群众心目中的地位，增强了号召力。

此后，我们又走访了尖山下、方溪、沈村、上董、戴村、骆家舍六个村子，实地了解乡村振兴战略的具体实施情况。习近平同志在浙江工作期间，高度重视"三农"工作，在全面深化农村休制改革、全面推进农业结构调整、全面改善农村生态环境、全面保障农民各项权益、全面促进区域协调发展、全面提高农民综合素质、全面繁荣乡村文明文化、全面加强农村基层治理等方面干在实处、走在前列，为十八大以后其"三农"思想的形成和发展提供了理论准备和实践经验。

尖山下、方溪、沈村、上董村等四个村子作为"美丽乡村"的示范村，在各个方面的进展都很顺利，不管是环境整治还是村民的医疗保险都如期完成。以尖山下为例，他们的文化礼堂是萧山区第一批五星级文化礼堂，早已名声在外。这里正在建设的国家级"游步道"项目如火如荼，一直延伸到方溪、沈村等地，发展的势头无法估量。

本次社会实践我收获很多，也有了更高的目标。

——17 导游 5 班　　卢丽莎

大学是一个小社会，社会实践活动是课堂教学向课外的一种延伸，也是推进素质教育进程的重要手段。它有助于当代大学生接触社会，了解社会；同时社会实践也是大学生学习知识、锻炼才干的有效途径，更是大学生服务社会、回报社会的一种好形式。为了锻炼自己，让自己的大学生活更加充实、精彩，我选择参加本次社会实践活动。

我们是"问计于民，读'无字之书'"暑期社会实践小队。我们此行前去的是杭州下辖的戴村镇，开展以"乡村振兴战略在戴村的实践和未来发展规划"为主题的暑期社会实践调研活动。此次活动让我收获良多。

7 月 10 日，我们一行 8 人的社会实践小队，在石群老师和吴维维老师的带领下，踏上了为期三天的暑期社会实践活动。在区农办、区文明办和戴村镇大力协助下，我们实践小队主要考察了戴村、上董村、骆家舍村、沈村、尖山下村、方溪村等实施"乡村振兴战略"的基本情况，主要围绕着乡村振兴战略的具体措施、取得的成绩及存在的问题等开展调研。我们还走访了蓝达工艺制品有限公司和普林派特涂镀科技有限公司，了解到这两家公司解决了不少当地村民和外来务工人员的就业问题，为乡村振兴做出了贡献。

通过这几天的调查和访谈，我们发现中国近几十年进入了飞速发展期，中国农村也有了翻天覆地的变化。为了提高农村的经济发展水平，戴村镇各村党支部、村委会大力支持观光旅游业建设与发展，把银泰农旅小镇、郊野运动小镇等特色小镇与重大项目统筹考虑，并取得了重大突破，从而带动村内经济发展，让老百姓的生活水平日益提高。

在走访和调查中我们发现，在这些村委中鲜有大学生村官，而做好乡村振兴，需要人才的支撑。事靠人做，业由人兴。实施乡村振兴战略，推动农业农村发展的，最主要的还是要靠人，培养一批懂农业、爱农村、爱农民的"三农"人才队伍，这是解决"三农"问题的关键所在。激励各类人才在农村广阔天地大施所能、大展才华、大显身手，打造一支强大的乡村振兴人才队伍，可以为乡村振兴战略注入新活力。

作为一名当代大学生，我从暑期社会实践活动中学到了很多，社会实践活动不仅让我深入农村，深入实际，把理论知识运用于实践，而且还提高了人际交往能力，体验了各村风土人情。

也许我们能从书本学到理论知识，但只有经历过实践之后，才知道有些知识是书本上永远学不到的。我们一直生活在美丽的象牙塔中，有来自学校和家庭的精心呵护，但是不经历风雨，花儿怎么会更加绚丽？暑期社会实践是我接触社会、了解社会、服务社会、完善自我的最好途径。我要多多总结经验，以后还要为自己多争取社会实践的机会，为自己以后服务社会打下坚实的基础。

——17 导游 6 班　李苗苗

为了深入贯彻落实习近平新时代中国特色社会主义思想，迎接改革开放四十周年这一历史契机，马克思主义学院开展了暑期大学生社会实践活动，我作为班级团支书积极报名参加活动。

我有幸加入了"问计于民，读'无字之书'"暑期社会实践团队。作为团队成员之一，我走访了一些村庄，切实了解当地的发展情况。7 月 10 日到沈村进行走访调查，我看到所有街道旁都是整齐洁净的绿化，环境保护做到了家。7 月 11 号，我们去了上董村，了解到村民对村委班子的认可，在他们的带动下，村子的建设越来越好，生活也比以前方便很多。相对来说也有基础条件不好的村子，比如 7 月 11 日我们去的骆家舍村，这儿的村民的意见比较大。其中有村民提出道路太窄，车辆来往造成安全隐患，这是有待解决的大问题。

走访下来，我们发现各村的村干部们对乡村振兴有一定了解，大家都非常想把村子建设得更好，其中也有大学生村官，他们在村子建设中也发挥了自己的作用。随着时代发展，村干部的文化水平普遍提高，部分村庄觉得大学生村官有没有无所谓。我认为大学生村官有利于乡村发展，最重要的是大学生村官是否能静下心踏踏实实地为老百姓服务。

这次活动让我们深入基层、开阔视野、增长见闻、学以致用，以实践成果和青春梦想响应十九大提出的"乡村振兴战略"，为实现中华民族伟大复兴的中国梦贡献自己的青春力量。我们将会把我们的研究成果反馈给戴村镇政府和相关村委，以及发表在多媒体网络上，希望我们的研究成果能有更多的人看到，让更多的人了解乡村振兴的重要性。

通过本次对乡村振兴战略的实地调研，我切实地感受到社会实践给我带来的不一样的启示，我的心和这天气一样是火热的。希望乡村建设得越来越好，希望我们每个人的家乡都在希望的田野上。

——17 经管班　吴星雨

社会实践是一笔财富，一分付出一分收获，有付出就一定有收获。在实践中可以学到在书本中学不到的知识。它能够让你开阔视野、了解社会、深入生活，有无限的回味，更何况参加社会实践活动的过程、阅历本身就是一笔宝贵的财富。今年暑期，我有幸参加了"萧山'乡村振兴'战略实施现状及提升对策"社会实践小分队。我们团队的实践内容是：通过座谈了解萧山区乡村振兴战略实施现状；对大学生进行问卷调查；了解大学生村官以及"三支一扶"人员的工作情况；依靠多种渠道获取萧山乡村振兴的相关信息与数据；深入农村、走进农户、贴近农民，做到了解农民疾苦，真实地反映农村现状，为"乡村振兴"战略建言献策。

在深入乡村的过程中，我感触最深的还是关于"乡村振兴"和"大学生村官"的问题。我了解到许多在课堂上无法了解到的事情，个人的心境也有了一些变化，或者说是有了一些提高。

这几天，我们每天都会去不同的村子，和村民们进行交流沟通。我从小就很喜欢和别人沟通，我一直觉得和不同的人沟通，透过不同的人可以看到不同的世界。从这几次的访谈和村民沟通交流中，我发现每个地方都根据自身条件实施了乡村振兴战略。很多村官为了发展自己家乡，他们做出了许许多多的努力。村民也提出一些意见，只要大家齐心协力，就能促进乡村建设迈上新台阶，也有利于提高村民的满意度。

通过社会实践活动，我逐渐了解了社会，开阔了视野，增强了才干，并在社会实践活动中认识到自己的责任，发现了自己的不足，对自己能客观地评价，这无形中使我对自己有一个正确的定位。

——17 经管班　陈赛娥

作为新时代大学生，应该懂得与社会上各个层面的人进行交往，处理社会上出现的各个方面的问题。暑期社会实践就给我们提供了这样锻炼的机会。

"纸上得来终觉浅，绝知此事要躬行。"社会实践是引导我们学生走出校门、走向社会、接触社会、了解社会、投身社会的良好形式；是锻炼才干的好渠道；是提升思想、修身养性、树立服务社会意识的有效途径。

这次有幸成为我院暑期实践小分队的一员，和小分队的老师同学们一起进行暑期社会实践。通过调查及访谈，了解村干部及村民对实施"乡村振兴"战略的具体工作、存在问题及政策帮扶。我们共用三天的时间走访萧山的六个村子和两家企业，了解了村委这几年为村民做的事情，村民说村委做了很多好事，让村里有了这么多变化，也让生活有了很大的改变。

炎炎夏日，我们坚持走访，没有人说要放弃。我们不怕酷暑，对即将到来的台风也不畏惧。暑期社会实践让我收获许多，让我了解了萧山部分农村近年的发展，锻炼了自己的能力，还结识了此次实践小分队的几位同学，最重要是的是顺利和同学老师们一起完成了这次暑期社会实践的任务。我们在访谈之余还一起爬山，观看云石景区，真是一次非常好的体验！

在三天的走访中，我们了解了戴村镇中的两家企业和六个村庄对"乡村振兴"的看法和确切的实施措施。我们拜访的第一家企业是杭州蓝达工艺制品有限公司。据公司负责人介绍，这里的工人大部分来自农村，企业自成立以来已解决了超过 200 户农村人口的就业问题，是一家实实在在做"乡村振兴"的企业。蓝达公司负责人还说了这样一句话，让我们印象深刻——"我们公司的力量很小，但是有人需要我们，我们就会帮一把。这不是情和理的关系，这是我们经营多年的经营理念。"

在我们走访的戴村镇几个村庄中，随着旅游业的发展，村民的生活质量提高了很多。村委通过出租集体土地，创造集体收入，每年会给村民分红。村委还利用发展集体经济为村民做更多的事情，如为年纪大的村民购买养老保险、意外保险等；也有的村庄建立基金会，要求党员干部等人每天捐出10元钱，为村里的贫困大学生、残疾人等提供帮助；奖励考上重点大学的学生；有的村庄通过完善天然游泳池，建立更衣室和小卖部，为游客带来便利，为村民带来更多的收益。

近几年各个地方都在开展旅游业，带动了当地的发展。但是很多大学生还是不愿回到农村，喜欢留在城市，造成农村少了很多技术型、知识型的人才。我希望将来有更多的年轻人能为"乡村振兴"服务，用青年才智建设我们的家乡！

——17 经管班　孙秋焱

走访大学生村官，感知新青年力量
（2018 年）

一、大学生村官基础数据分析

本次大学生村官调查问卷共发放 100 份，回收 100 份，有效率 100%，具体分析数据如下：

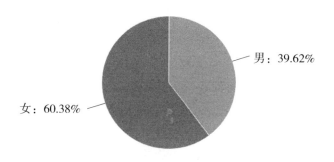

男：39.62%

女：60.38%

图1　大学生村官的性别比例

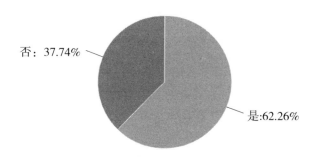

否：37.74%

是：62.26%

图2　现任大学生村官人数比例

由图1、图2可知，女性大学生村官所占比例为60.38%，男性大学生村官所占比例为39.62%，因此可以得出，女性大学生村官数量要大于男性大学生村官。在调查对象中，现任大学生村官占62.26%，曾就职过大学生村官比例占37.74%。

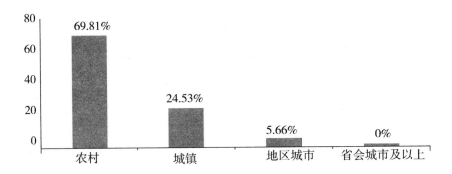

图3 大学生村官城乡人口比例

由图3可知，在本次调研中，来自农村的大学生村官占的比例为69.81%，来自城镇的大学生村官所占比例为24.53%，来自地区城市的大学生村官所占比例为5.66%。可见农村生长环境对大学生在就业时选择大学生村官这一职业有重要影响。

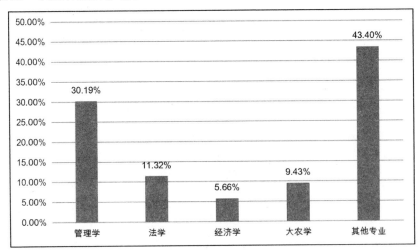

图4 大学生村官所学专业比例

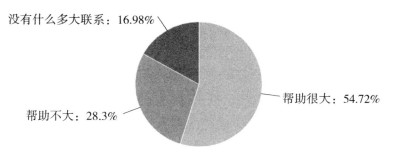

图5 所学专业与实际工作的关联度

由图4、图5可知，大学生村官中来自管理学专业的占30.19%，来自法学专业的占11.32%，来自经济学专业的占5.66%，来自大农学专业的占9.43%，其他专业的占43.4%。有54.72%的大学生村官认为自己所学的专业对村官工作帮助很大，有28.3%的大学生村官认为所学的专业对村官工作帮助不大，有16.98%的大学生村官认为所学的专业和村官工作没有多大联系，关联度不高。可见大学生的专业选择将对未来的村官工作起到重要作用。

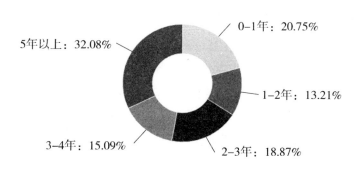

图6 大学生村官工作年限

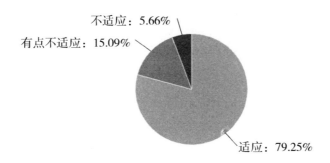

图7　大学生村官对工作环境的适应性

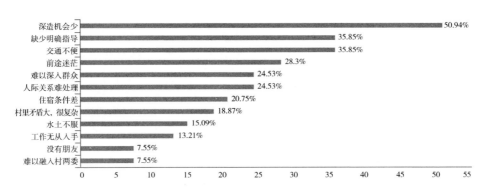

图8　大学生村官在工作中面临的困难

　　由图6可知，有五年以上工作经验的大学生村官占32.08%，有3—4年工作经验的大学生村官占15.09%，有2—3年工作经验的大学生村官占13.21%，有20.75%的大学生村官只有0—1年的工作经验。据图7显示，在提及是否适应工作环境问题上，有79.25%的大学生村官表示能够适应农村生活和村官工作，有15.09%的大学生村官表示有点不适应，有5.66%的大学生村官表示不适应农村生活和村官工作。据图8"影响和限制大学生村官工作的主要原因"结果显示，深造机会少占的比例最高，达到了50.94%，而缺少明确指导、交通不便、前途迷茫、难以深入群众、人际关系难处理、住宿条件差、村里矛盾大、水土不服、工作无从入手、没有朋友、难以融入村两委等原因也占了不同的比例。由此可见，大学生村官目前在政策上仍缺乏支撑和帮助，他们在农村也面临着诸多困境。

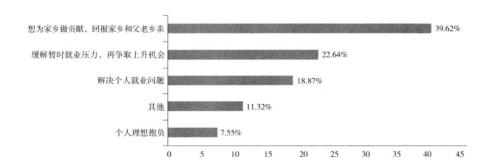

图9 选择成为大学生村官的动机

由图9可知，39.62%的大学生村官因为想为家乡做贡献、回报家乡和父老乡亲而选择这个职业；22.64%的大学生村官因为想要缓解暂时就业压力，适机再争取上升机会；18.87%的大学生村官想要解决个人就业问题；因为个人理想抱负选择大学生村官的占7.55%。由此可知，大学生村官在职业选择时兼具个人理想与社会理想的统一，也从侧面突出大学生村官勤劳务实、勇于担当的精神品质。

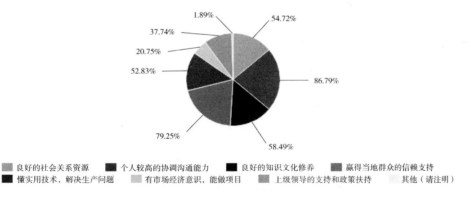

■ 良好的社会关系资源　■ 个人较高的协调沟通能力　■ 良好的知识文化修养　■ 赢得当地群众的信赖支持
■ 懂实用技术，解决生产问题　■ 有市场经济意识，能做项目　■ 上级领导的支持和政策扶持　■ 其他（请注明）

图10 大学生村官胜任工作应具备的能力和品质

由图10可知，在问及"大学生村官胜任工作需具备哪些方面的能力和品质"时，86.79%的大学生村官选择认为在村官工作中需要较好的沟通能力，79.25%的大学生村官认为赢得当地群众的信赖与支持有利于村官工作的开展。此外，良好的社会关系资源、良好的知识文化素养、懂实用技术、解决生产问题、有市场经济意识、能做项目、得到上级领导的支持和政策支持也能对大学生村官的工作起到积极的推动作用。

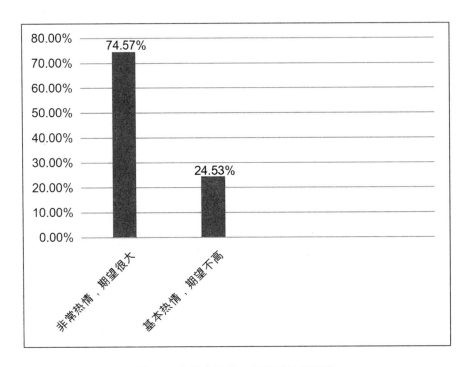

图11　大学生村官工作的受认可程度

由图11可知，大学生村官群体在农村工作中，村干部对他们都是非常热情且有所期待的。由此可知，乡镇及村委干部对大学生村官的认可程度是比较高的。

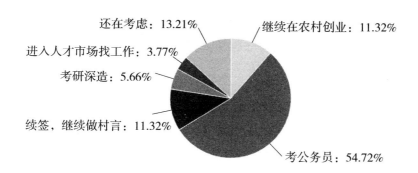

图12 大学生村官未来的职业选择

由图12可见，在问及"在对于结束村官生涯之后的工作选择"时，有
54.72%的人选择考公务员，有11.32%的大学生村官选择继续做村官或者继
续留在农村创业，有5.66%的大学生村官选择考研深造，有3.77%的大学生
村官选择进入人才市场找工作，有13.21%的大学生村官还在考虑中。由此
可知，大部分大学生村官希望以此工作为跳板，通过工作经验的积累和自身
的努力，考进体制内，以获得更稳定的工作和更好的生活。

二、大学生村官人物采访手记

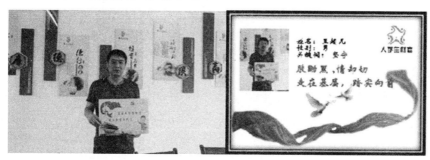

人物1 王超凡

王超凡，男，毕业于浙江广播电视大学，是浙江最早的一批大学生村
官。从谈话中，便可感受到他独特的嗓音与不一样的魅力。刚刚成为一名大
学生村官的时候，他经常是田间地头两边跑，想要尽快融入农村生活，为村

民干事。在村里，他主要负责土地征用、丈量房子、拆迁、新农村建设、台账等工作。他说，村里也如同社会一般，是一个大染缸，也有不好的风气，我们最重要的就是做好自己，坚守住自己，才能更好地为村民做事。若连自己都坚守不住，那又谈何贡献呢？他说，成为大学生村官以后也想过其他的出路，但是对于选择留在农村，他从未后悔。无论是在大城市发展还是回归中小城市，应该因人而异，看自己的选择，选择适合自己的。浙江省长兴县第一批大学生村官共有六十几人，从一而终、坚守到现在的人不多，他便是其中的一个。他说他以后还会坚守在农村。离开，是他从未想过的。

人物 2　殷一奇

殷一奇，男，2015 年 8 月正式成为大学生村官。他的日常工作是负责村里的党建工作。选择成为一名大学生村官是因为他是土生土长的农村娃，回到家乡工作也是父母所希望看到的，而他自己更希望能够回报家乡、回报父老乡亲、回报这片土生土长的地方。从小到大，他亲眼见证了乡村的变化。垃圾河流污染增多，道路破坏……他从小长大的那片美丽的地方已经看不到了。所以他对环境建设特别重视，他参与了乡村的污水整治和道路基础建设，开创了很多特色文化活动。对于这份工作的感想，他觉得需要耐得住寂寞。作为年轻人，他认为应该放开手脚，有自己的想法，有想法就去做，去实践。他说："我工作时间虽短，但还是很有激情！"

人物 3 王瑛

　　王瑛，女，2005 年毕业于浙江大学城市学院电子商务专业。2007 年 10 月成为一名大学生村官。一路走来，从懵懂到成熟，从稚嫩到干练。2008 年当选为村干部。2010 年，她成为乡镇在选后备干部。2011 年她考上红星桥镇，担任妇联主任。2012 年，被推荐进入两委班子。2013 年被调整为组织委员。乡镇的工作氛围很好，但也非常辛苦。比如遇到突发事件要 24 小时待命，随时准备着。让她印象比较深刻的是大学生村官创业，她创出了自己的责任田，发展现代农业、蔬菜农业。为此她还专门到杭州取经，找企业谈价格、找市场。刚开始的时候很困难，因为百姓不认可，但是她相信自己，也因为领导的支持才坚持了下来。村民们从刚开始的反对，到后来的加入，使她信心大增。最后，他们共同收获了第一桶金，那时候的她非常开心，也很有成就感，感受到前所未有的快乐。我们问她有没有后悔过自己的选择，她说人生就是一个岔路口，你要相信自己目前的选择就是最好的。从和她的谈话中，我们能感觉到，她是一个善良、认真而且懂得感恩的人。她一直强调自己运气很好，但她从未提及自己真正的努力和不易，而这也正是她个人品质的难得之处！从一开始到现在，她始终不忘本心，真真正正为百姓做事，为人民服务。一路走来，她更是坚守本心，在自己的岗位上发光发热，这更显得尤为珍贵。因为，不忘初心，方得始终，初心易得，始终难守。

人物4 陈松松

陈松松，男，毕业于同济大学浙江学院，于2011年在长兴县王浜头居委会从事村官一职。在他幽默风趣的话语中，我们可以看出他对这份职业的热爱。他说："虽然很累，但是只要看见村民们脸上满意的微笑就觉得一切都值得"。当问到他大学的专业与村官的工作有何关联时，他骄傲地说："关于征拆的图纸基本上都是我来画的，各种软件我都会，用我的知识服务基层，用我的所学回报长兴这片土地"。他同时也很感谢他的母校，他认为大学帮助他树立了正确的世界观、人生观和价值观，引导他始终保持着为共产主义奋斗的初心。在新农村建设中，他走进基层劳动人民，与他们交流经验，他认为只有得到老百姓的认可，才是服务最高的标准。在工作中难免也会遇到棘手的事，遇到家庭纠纷等，他总是能凭借着自己的热心与耐心，让双方得以调解，让事情变得不再棘手。他说："村官的工作虽苦，但却是一个值得磨炼的好机会，村官是一个用青春去奉献基层的岗位，但同时也是一个让自己成长的好平台。"

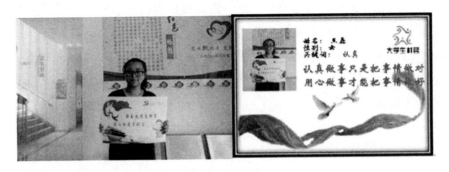

人物5 王磊

　　王磊，女，毕业于丽水学院，在长兴县从事六年的大学生村官工作。她主要负责城中村的集体经济发展和建设，日常工作包括台账资料整理、电脑表格信息汇总等。在六年的时间里，看着村子经济的稳步发展，距离目标越来越近，她感到由衷地开心，也称这一切都离不开大家的努力。在大学生村官生涯当中，她说收获最大的就是人与人之间的交流和温情，在村里工作，会遇到不同性格、不同成长背景的人，但是大家却能够和谐相处，这也是一件很奇妙的事情。在访谈过程中，我们能够感受到王磊很接地气，这一定与六年来的经历息息相关。在日常工作时，虽然她会经常遇到困难，但是通过"多问多学多思考"的方法，使她在这个岗位上逐渐得心应手。

　　总结起这 6 年的生活，她的工作秘诀就是："多问多学多思考"。

人物6　沈伟

　　沈伟，男，2008 年正式成为一名大学生村官，在上扬村的城乡接合部工作。自 2014 到 2015 年，他担任村主任一职。2015 年，他顺利考上公务员，现主要从事的工作是党建、调节群众纠纷和普查等。谈及经验，他说人应该要全面发展，不能在一个岗位上待太久，2 至 3 年就已经达到一个极限，我们需要经过不同的岗位历练来增加自己的见识。而正是工作经验的积累、能力的提升和情感的养成，才能使一个人真正地见多识广。对待岗位，我们应该干一行、爱一行、认真负责并坚持到底。走到现在，他说要感谢的人有很多，感恩生命中遇到的每一个人，遇到他们是自己的缘分。对于未来，他表示，服从组织的分配，无论在哪里，坚持下去，做好自己的工作就好！

人物 7　周林美

　　周林美，女，毕业于浙江工业大学。在长兴县从事了 12 年的大学生村官工作，主要负责村里的活动创建和台账等。因为村里活动很多，所以她与村民接触的时间也比较多，她觉得能帮助到村民是一件高兴的事情。比如帮助困难户申请低保成功，举办一场惠民活动等。

　　在她刚毕业时，家人已经为她安排好了一份工作，但是她想自力更生，不想循规蹈矩，因此去面试了大学生村官。面试成功后，便正式开始投入到村里的工作当中。因为自己是当地人，语言交流等方面并无障碍，和很多村民也都认识，所以相处得十分融洽。如今，她已经从村中调离，在当地镇政府中工作。她的工作心得是将简单的事情重复做、重复的事情耐心做，为更多的村民争取到更多的权益。

人物 8　唐园梅

唐园梅，女，毕业于丽水学院农学专业，是 2015 年浙江省最后一批大学生村官。她于 2014 年毕业，在企业工作过一年。在刚成为大学生村官的时候，她有点不适应，因为村官和企业员工的工作方式完全不同。于是，她努力调整自己的心态和工作节奏，逐渐适应了大学生村官的工作。她的工作是档案数据整理等。而就是这样基础的工作，让刚开始接手时的她倍感压力。因为以前村里不太注重数据的保管与整理，有些资料很难找寻，还好她没有放弃，逐一建档归整。她说工作中最让她印象深刻的是 2017 年的那场大雪，那场大雪让很多房子成了危房，而村民都还住在里面不愿出来，她只能定时出去铲雪，以保证村民的安全。她认为当代农村以老年人居多，所以需要注入一股新青年的力量，而在农村工作的年轻人，应该尽快让自己融入其中。作为年轻人，更要坐得住冷板凳，沉得下心来，脚踏实地，善于交流，才能在农村创造一番天地。

人物 9 王丹

王丹，女，2008 年毕业于浙江商业职业技术学院，从事村官工作已有八年。当年毕业，自己想留在杭州工作，可最终顺了父母的心意，回到家乡成为一名大学生村官。她平时主要负责的工作是消防、总结报告撰写、年终考核和食品安全等方面。让百姓少跑路，自己多跑路是她一直以来的工作理念，只要百姓找到她，她会竭尽所能地帮助百姓办好事。她说新农村建设一定要贴近百姓。让她印象深刻的事是当时有一个企业家为家乡建设自掏腰包 200 多万，用于建设乡村的办公地点，带动村民建设产业聚集地。为了参与家乡建设，企业家特地让在日本留学的儿子回国来管理公司。就这样在大家的共同努力下，村里的经济发展水平从以前的倒数成为现在的第一名。她说，现在村里的发展很快，生态环境也得到很大的改善，未来她会继续不遗余力地做好这份工作。

魏文景，男，毕业于安徽新华学院，从事大学生村官工作已有两年时间。刚毕业就参加了大学生村官考试，顺利成为一名大学生村官。之所以一毕业就选择留在家乡，是因为他觉得家乡与外面的差距太大，希望通过自身的努力来弥补家乡与外界的差距。在谈及两年中村子里面的变化时，他很是惭愧，因为他觉得自己的力量太过单薄，两年中村子里面的变化其实并不大，但是他相信只要自己能一直努力坚持下去，总有一天农村会变得很好。而谈到最令他感动的事情时，他没有详细地为我们讲某一件事，而是说："自己发自内心地为百姓解决事情，而百姓也发自内心地感谢我"。虽然只有短短一句话，但是我们却能从中感受到他的真情实意。祝愿他能在广阔的天地实现自己的理想。

人物 10　魏文景

人物 11　周晨

　　周晨，男，安徽淮南人，2014 年 8 月参加工作。现任泥河镇陶王村党总支副书记。他先后获得"潘集区优秀团员""淮南市'向上向善好青年'提名奖""泥河镇优秀共产党员"等荣誉。2014 年，英语专业毕业的周晨舍弃了外贸公司的高薪待遇，怀揣扎根农村、奉献基层的理想信念，来到泥河镇陶王村，成为一名大学生村官。从校门来到农门，由于农村工作经验匮乏，工作之初，他经常感到迷茫无助。乡党委、政府安排专人与他结成帮扶对子，他自己也从打扫卫生，为来村办事的村民端茶倒水这样点滴小事做起，慢慢融入村"两委"班子。农村工作环境复杂、生活条件艰苦，但周晨始终坚信"艰难困苦，玉汝于成"。作为泥河镇陶王村党总支副书记，周晨将带着领导的关怀和群众的期待，以更加向上的姿态迎接磨砺和考验，以更加饱满的热情投入到今后的工作和产业发展中去，相信他的青春会在坚毅前行中闪光放彩……

三、村官精神

　　通过深入采访大学生村官，我们从这群勤于学习、勇于担当、敢于创新、乐于奉献的青年人中总结提炼出"村官精神"——情、勤、燃、志。

（一）情

作为新时代青年，大学生村官满怀乡愁情结。正因为如此，他们抵挡住了城市的繁华和高薪的诱惑，选择回到家乡，扎根基层，用自己所学的专业知识为新农村做建设，为家乡的发展贡献自己的力量。在我们采访的大学生村官中，他们每个人都是情感生动的个体，他们懂得感恩，感恩那些曾经帮助过他们的人，更懂得如何动之以情、晓之以理地解决邻里纠纷，用行动获得百姓的支持和信赖，心系百姓，情系国家。

（二）勤

作为一名大学生村官，手勤、脚勤、口勤，这是必不可少的。工作在基层，生活在基层，奉献在基层。在面对无数问题的时候，大学生村官用勤劳、勤快、勤勉、勤奋来逐一解决，认认真真，努力干好每一件事情，不怕吃苦，用自己的行动来帮助别人，用自己的知识来改变现状，用自己的力量来争创美好。习近平总书记在多个场合强调"幸福都是奋斗出来的"，是对广大人民群众参与民族复兴大业、实现中国梦最有力的动员。大学生村官用自己的辛勤付出，不仅换来了乡村的振兴，更收获了村民之间的情谊。

（三）燃

"燃烧自己，照耀他人"。从刚刚大学毕业到扎根基层多年，从当初面对事情的无措到现在的游刃有余，大学生村官们在不断学习，不断提升，用自己的所学所长助推新农村建设，用自己的青春陪伴新农村发展。"春蚕到死丝方尽，蜡炬成灰泪始干"，这是一句经常用来形容老师的话，就如同蜡烛一样，照亮别人、牺牲自己，而我们的大学生村官又何尝不是如此呢？他们坚守基层，默默奉献，不居功，不显露，他们所希望的不过是守护的村庄和人民越来越好而已。一个普通的圆柱体披上了红色的外衣，点燃自己，照亮黑暗，这是蜡烛。一个普通的人，放弃大城市的优越条件，回归家乡，奉献自己，只为发展农村，这就是他们的初心。

（四）志

"知屋漏者在宇下，知政失者在草野"。年轻人成才既要有大学的知识基础，还要有一线的实践经验，经历的困难越多，得到的锻炼就越多，增长的才干也就越多。农村是一所社会大学，青年人在这里可以与基层群众建立深厚的感情，得到艰苦的历练，积累社会经验，从而更好地认识自己、认识农民、认识社会，为今后的人生之路打下坚实基础。一批批大学生村官在农村实践锻炼中，形成了工作踏实、不怕吃苦、爱岗敬业、勇于进取的优良品质，凸显出其独特优势和发展潜力。

附 录

自编歌曲《村官很赞》

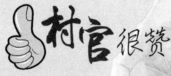

梦想的闹钟唤醒一天
阳光爬过窗沿抚摸我的脸
我刷着新闻阅读时代
村子里的大爷大妈正在锻炼
点赞
为彼此熟悉的笑脸
为村子交通的方便
便捷支付看不到钱
坐上高铁我去外边
你在家等村官出现
有鸡汤也有吐槽点
都点赞只要村官在身边
一幅幅画面跳跃在眼前
所有的美好都被纪念
每一个今天都幸福加满
每一天都是最赞的一天
一幅幅画面跳跃在眼前
所有的美好都能看见
每一个村官都值得点赞
每一年都是最赞的一年
Ooo yeahhhh
村里的工作充实一天
舌尖美味的时间话家常里短
老人关心时事小孩看热点
村民团聚的时间如此温暖
点赞

村子最大的公园在建
幸福满足指数提上线
互联网在村子最普遍
文化生态创新特凸显
基础建设速度逐领先
House and house整村牵
为村子扩大的朋友圈
点赞
一幅幅画面跳跃在眼前
所有的美好都值得看见
每一个村官都值得点赞
每一年都是最赞的一年
一幅幅画面跳跃在眼前
所有的美好都不会消散
每一个青年都努力向前
新时代的我们走向明天
Lalala lalala
每一个村官都值得点赞
每一年都是最赞的一年
Lalala lalala
每一个青年都努力向前
新时代的我们走向明天
新时代的我们走向明天

第二章

02

|环境治理|

萧山先锋河水污染状况及治理对策
（2014 年）

    随着我国经济的快速发展，我们赖以生存的环境也在不断恶化。水是生命之源，不知从几时起，我们能戏水、摸鱼虾的河流不见了，取而代之的是漂满杂物、恶臭扑鼻的垃圾河。位于杭州市萧山区的先锋河全长 27.5 公里，是萧山人工挖掘的区级重要排灌河道，它从西向东流经宁围镇、部队农场、开发区钱江农场、杭州传化科技城有限公司、开发区红垦农场、杭州市南郊监狱、红山农场、空港新城·南阳街道等地。先锋河将浙江旅游职业学院隔成南、北两个校区。虽然校园很美，但先锋河臭气熏人。去年正值学院 30 周年校庆，先锋河的臭味让校友们纷纷摇头。先锋河的源头在哪里？它流经哪些地方？为什么它成了垃圾河？我们希望通过调查摸清先锋河的污染情况，并提出解决对策，为浙江省"五水共治"献一份力。

    在 2013 年 12 月 27 日召开的经济工作会议上，浙江省正式启动了"五水共治"行动。从 2014 年开始，"五水共治"行动在把握轻重缓急、分步实施的基础上，将时间表分为三年、五年、七年三步。其中，三年（2014 - 2016年）要解决突出问题，明显见效；五年（2014 - 2018 年）要基本解决问题，全面改观；七年（2014 - 2020 年）要基本不出问题，实现质变。这也是浙江省全面治理环境、倒逼转型升级的重大战略举措。我们沿着先锋河进行调研，确定了它的基本走向。同时，我们实地走访了污染情况严重的重要河段，调研了宁围镇钱江农场、部队农场、红山农场、红垦农场、二桥村、新街镇长山头村、新宁村、新华村以及南阳镇的龙虎村、永利村、坞里村，针对不同人群发放了400份问卷调查，其中有效问卷342份，有效率85.5%。

一、调查数据分析

调查对象基本情况分析：在342份有效问卷中，男女各有171份，所占比例相同；其中萧山常住人口占比63.45%；年龄21—30岁的占比38.01%，31—40岁占20.47%。由此可见，萧山常住人口比较关心身边的河流情况。青年和中年群体是关注水污染的主要群体，他们接收信息的渠道较广，关心社会事务。在学历构成中，初中及以下学历和大专及本科学历所占比例相同，均为34.88%，高中（含中专）学历占27.16%，由此可见无论学历层次高低，水污染问题是大众普遍关注的。

（一）人们对水污染的关注度

您觉得先锋河的污染情况如何？（见图1）

A. 非常严重　　B. 严重　　C. 一般　　D. 不知道　　E. 轻　　F. 很轻

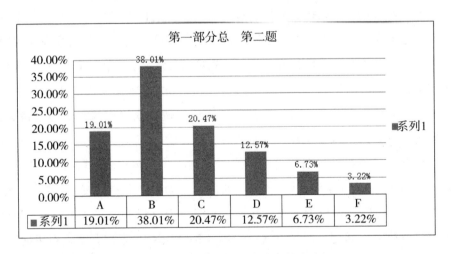

图1　人们对先锋河污染情况的态度

水污染对您有影响吗？

A. 很大　　　　B. 一点　　　　C. 没有

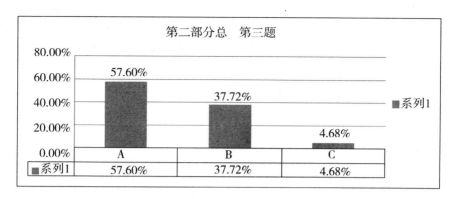

图 2　人们对水污染影响的看法

由数据分析（见图 2），我们可以看到超过一半的人认为水污染对自己的生活造成了很大的影响，主要表现在：57.60% 的人认为对自身的影响很大，37.72% 的人认为对自身只有一点的影响，只有 4.68% 的人认为其对自身没有影响。同时，在实地调查中我们发现很多人表示河水污染会散发出较大的气味，使得居民不能开窗通风，影响到他们的日常生活。

您主要通过哪些途径来了解水污染的情况？

A. 报纸杂志　　B. 网络　　C. 电视新闻　　D. 亲身经历

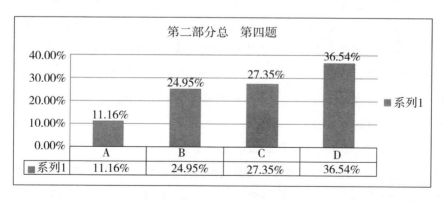

图 3　人们了解水污染情况的途径

人们通过各种方式了解水污染，问卷中列举的几个渠道所占比例都较高（见图 3），其中亲身经历所占比例最高，占 36.54%，由此说明水污染随处可见，给人们的生活造成了很大危害。其次，电视新闻占了 27.35%，报纸杂志和网络各占了 11.16%、24.95%，可以看出媒体对水污染的关注度较高，相关信息传播快而及时。

您觉得先锋河的主要污染源是什么？

A. 工业废水　　　B. 农业污水　　　　C. 人们的环保意识薄弱

D. 生活污水　　　E. 农村水处理设施匮乏

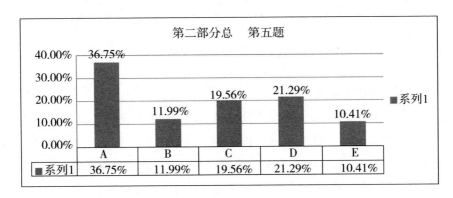

图4　先锋河的主要污染源

由图4可以看出，人们认为先锋河的污染源最主要的是工业废水，占了 36.75%，此外，人们的环保意识薄弱和生活污水占比也较高，分别占 19.56% 和 21.29%。水污染是由多种原因造成的，不仅仅是工业污水，人们的环保意识薄弱导致随意地将各种污染物倾倒进河流也是重要原因。因此，我们应该多反省自己的行为，从自身做起，不能只埋怨工厂污染了河流，也不能只追究政府治水力度不够。

（二）人们对水污染治理的看法及态度

您认为政府部门整治先锋河水污染的力度大吗？

A. 效果明显　　　B. 一般　　　　C. 不明显　　　D. 不了解

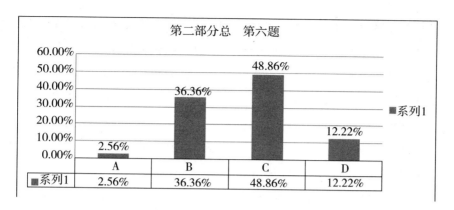

图5 人们对政府部门整治先锋河水污染力度的看法

由图5可知，有48.86%的人认为政府部门整治先锋河水污染的力度不明显，有36.36%的人认为其整治的力度一般，只有2.56%的人认为政府的整治效果明显。说明大家对于政府部门治水的满意度不高，认为政府的办事效率低下。

您知道浙江省政府提出的"五水共治"吗？

A. 知道　　　　B. 基本了解　　　　C. 不清楚

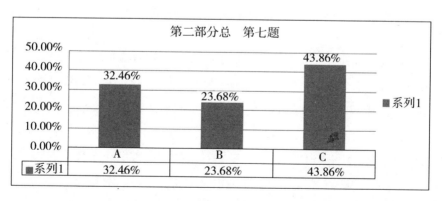

图6 人们对浙江省政府提出"五水共治"的了解程度

对于浙江省提出的"五水共治"（见图6），有43.86%的人表示不清楚，32.46%的人表示知道该政策，23.68%的人表示基本了解。由此我们可以看出还是有一部分人知道"五水共治"的，但了解得不是太深入。我们主要走访调查的地方为萧山农村，萧山农村主要由当地农民和外来务工人员两部分组成，这两部分人对于政策方面的事情关注度较低，使得他们中的大部分人不清楚关于"五水共治"的政策。我们认为需要通过居委会、村委会和学校来配合宣传，让更多人知道"五水共治"政策。

您认为中国的水污染防治政策应主要采取哪几种手段？

A. 行政手段　　　　B. 经济手段

C. 法律手段　　　　D. 公众参与

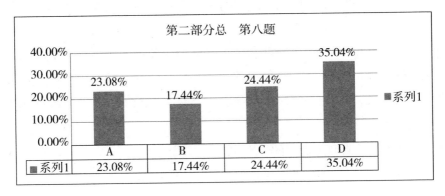

图7　人们对中国水污染防治手段的看法

根据数据统计（见图7），35.04%的人认为政府应该采取公共参与的方式来防治水污染，24.44%的人认为法律手段有用，23.08%的人认为行政手段有用，也有17.44%的人认可经济手段。大家认为水污染防治最有效的是"公共参与"，仅仅依靠政府部门作用不大。这说明在治水等公共性问题上，公民的意识在觉醒，他们认识到自身是社会的组成部分，个体应积极参与公共事务。因此，政府部门可以借助治水这个重大事项，鼓励公民参与，培养公民意识。

面对水污染，您认为政府应该做些什么？

A. 加大宣传力度，提高思想认识

B. 明确部门责任，实现齐抓共管

C. 切实加强领导，加大执法力度

D. 让公众参与河道环境管理

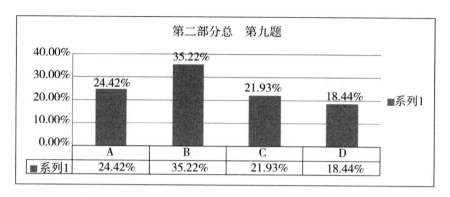

图8 人们对政府部门治理水污染的态度

根据数据分析（见图8），可以看出"明确部门责任，实现齐抓共管"是政府部门目前最重要的工作。随后是"加大宣传力度，提高思想认识"，占比24.42%，"切实加强领导，加大执法力度"占比21.93%，"让公众参与河道环境管理"占比18.44%。在走访中，我们了解到很多来人表示自己的力量太小，不知道怎么去做，自己管不了，因此大部分人表示应由政府部门来主导。此外，还有部分人表示不怎么相信政府的能力，觉得政府的检查只是走过场。我们认为政府在进行调查和检查时可以邀请一些当地居民共同参与。

（三）人们对个人在治水活动中的角色定位

您参加过水资源保护或治理方面的活动吗？

A. 参加过　　　　　B. 想参加，但没机会

C. 从未想过　　　　D. 无所谓

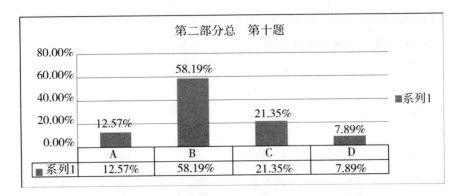

图9 人们参加水资源保护或治理的意愿

据数据显示（见图9），有58.19%的人表示想参加，却没有机会，只有12.57%的人参加过，同时也有21.35%的人表示从未想过，有7.89%的人持无所谓的态度。由此可知，政府应该加大宣传力度，组织各项活动，给老百姓提供参与治水的机会，这不仅能提高治水效率，还能激发广大公众的积极性。"五水共治"是一石多鸟的举措，既扩投资又促转型，既优环境更惠民生。水文化的价值在于它让人们懂得热爱水、珍惜水、节约水。开展"五水共治"，是平安浙江建设的题中之义，直接关乎人水和谐。

当您看到有人污染水资源时，您会怎么做？

A. 视而不见　　　　B. 坚持劝阻　　　　C. 劝阻，不行的话就放弃

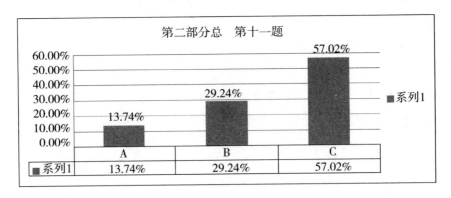

图10 人们对待污染水资源行为的态度

由数据显示（见图10），57.02%的人看到别人污染水资源时会进行劝阻，如果不行就放弃，有29.24%的人表示会坚持劝阻。由此说明公众有一定的环保意识，但也不愿过多地管别人的事，因为担心劝阻会引起别人的不满，破坏大家之间的关系，所以常常半途而废。

如果您看到水资源被污染了，您会怎么办？

A. 视而不见　　　　　　　B. 想提意见，但不知道向哪个部门反映

C. 立即向有关部门反映　　D. 不知道

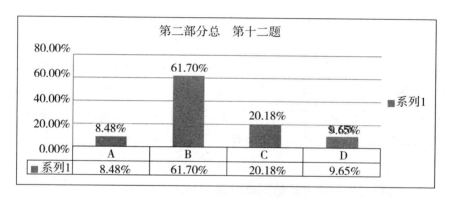

图11　人们看到水资源被污染时的做法

由图11可知，61.70%的人看到水资源被污染的时候，想去提意见，但是不知道向哪个部门反映。因此，政府应该明确告诉老百姓，水资源被污染应向哪个部门投诉，否则很容易"踢皮球"，影响老百姓对政府的信任度。

您认为公众参与水污染治理的好处是什么？

A. 有利于保障公众的环境权益

B. 有利于提高公众保护水资源意识

C. 有利于提高政府治理水污染的行政效率

D. 有利于推动环境保护事业的发展

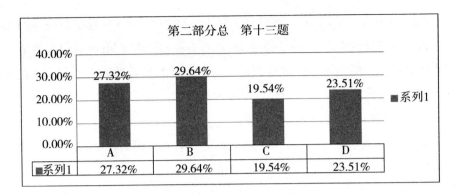

图12　公众参与水污染治理的好处

如图 12 显示，大家对于公众参与水污染治理的好处持有不同观点。29.64% 的人认为有利于提高公众保护水资源意识，27.32% 的人认为有利于保障公众的环境权益，23.51% 的人认为有利于推动环境保护事业的发展，19.54% 的人认为有利于提高政府治理水污染的行政效率。

二、先锋河水污染存在的主要问题

先锋河水污染治理的成效不显著，是由多种因素造成的。

（一）水污染治理难度大

我们调研团队从浙江旅游职业学院出发，途经宁新村、新华村时，看见河水颜色很浑浊，有的河段因有化学品污染呈现出红色，散发阵阵恶臭。随后们来到解放路，进入长山头村，沿着苤山路，经过苤山桥、赵苤路，来到下潦村、涝湖村（西陈），后又实地调查了红垦农场和萧山生物工程中心。一路沿途看到的先锋河支流都有不同程度的污染。

浙江省政府提出"五水共治"，但据调查显示不清楚"五水共治"的群众占了 43.86%，这说明政府的宣传力度还不够。政府缺乏与群众的沟通，再加上投入不够、力量不足、措施不力等问题，使群众不能很好地理解政府部门的工作。国家"九五"计划纲要明确提出转变经济增长方式后，出于对能源短缺硬约束的考虑，节能减排才真正提上议事日程，但对水资源短缺的认识远未达到中央高层那样的高度，实际行动上以节能为硬约束，视节水为软约束，以至从沿海发达地区到中西部欠发达地区以牺牲水资源、水环境为代价谋求经济高速增长的事屡次出现。[1]

先锋河主要污染源是工业废水，沿河周边建有大量的工厂，如中裕闸口分公司、景福印染、亚男轴承、杭州环能生物制品有限公司、杭州顺天化工有限公司等。先锋河沿岸很多企业只注重眼前利益而不顾长远利益，明知道先锋河污染情况日益恶化，已经威胁到饮用水安全，仍无动于衷，为了企业自身利益将废水直排入河中。此外，我们还发现先锋河沿河既有明管，也有暗管，管道中的污水不时地直接排入先锋河。其次是农业污水。我国每年仅猪、牛、鸡三大类畜禽粪便排放的化学需氧量为6900万吨，是全国工业和生活污水排放化学需氧量（1381.9万吨）的5倍。大多数养殖场粪便、污水处理能力不足，处理率仅为5%和2.8%，90%以上的规模化养殖场没有污染防治措施。[2] 先锋河部分河段旁有牲畜养殖户，牲畜粪便臭气熏天，更有甚者将动物粪便堆积在路旁，形成一条条臭水沟。

来自居民的生活污水也是先锋河的污染源之一。沿河居民已经习惯将生活垃圾堆放路边，即使村中安置了垃圾桶，他们也不愿意多走一步将垃圾丢到桶内。时间一长，垃圾遍地。遇上下雨，雨水带着垃圾顺着排水口冲进河中，导致河水被污染。有一些居民还表示，他们是外来户，环境污染不关他们的事。在当地人眼里他们始终是外地人，不被当地居民所容纳，因此他们也不可能为水污染治理付出什么。通过访谈我们还发现沿河居民完全没有环保意识，他们对厕所污物采取的是直排方式。河水被污染前，居民们还在河中洗衣服、洗菜、洗拖把等，洗衣粉中的磷造成了河水富营养化，加重了水体污染。

部队农场隶属中国人民解放军某部队直接管理，地方政府无权插手，从而导致地方出台的政策不适用部队农场。曾有民众向杭州市环境保护局投诉部队农场的晶邦玻璃装饰有限公司用碱水池清洗玻璃，污水直接排入先锋河。连带厂区的井水都受到污染，并散发着刺激性气味。现该玻璃厂虽早已停止违法生产线的使用，杭州环境保护局也表示将加强对部队农场的执法频次，但是俗话说"一个巴掌拍不响"，想要杜绝这种污染水资源的情况，光靠环境督查、治理部门是不行的，需要环境保护局与中国人民解放军某部队取得良好的沟通，赢得他们的支持与配合，这样才能达到事半功倍的效果。

就如同其他污染治理一样，中国的水污染治理也是走了一条"先污染，后治理"的路子，但水污染治理难度大还在于河流流经的地方越多，牵涉的利益面越广。环境政策的形成和执行是一个多方博弈的过程，中国的环境治理已进入以利益为核心的政策博弈阶段。[3]如果不能达成共识、齐心协力就不可能治理成功。太湖的治理就是一个实例。2007年春夏之交，太湖蓝藻大范围爆发，严重危及流域的饮用水安全，引起江苏全省和中央高度重视。2008年5月，江苏省提出四年内遏制太湖水体富营养化趋势的目标。历经5年，通过政府、企业和当地居民的共同努力，太湖流域水质稳中趋好，到2011年底，年平均水质已消除劣5类，水质达标率已至90%。同理，先锋河的水污染治理也要各方达成共识，如果只是政府部门"剃头挑子一头热"，企业、部队农场、居民等不热心参与，就不可能达到预期效果。

（二）公众参与度不高

1. 公众参与意识不高，知情权没有得到完全保障

据调查，居住在先锋河沿岸的居民普遍环保意识薄弱，权利义务观念淡薄，民主思想未深入人心，参与意识不高。很多人表示，治理先锋河于己无关，也不知道从何做起，究其原因，这实际是和公众获取信息的渠道有关。公众无法从政府部门获取充分、及时的治理信息，信息掌握的不对称使得参与治理成为无源之水。公众获取政府信息主要是通过报刊、网络、电视。通过报纸杂志了解的占17.16%，网络占24.95%，电视新闻占27.35%，亲身经历占36.54%。公众参与在我国立足不稳，发展不充分，还没有完全根植于当代中国的社会土壤之中。因此，虽然取得了一定的成效，但仍然存在不少问题，包括制度化建设不足、政治文化落后，也包括公民社会发展水平低、政府信息公开工作不到位等。[4]保障公民的知情权，不仅要公开信息，更要保障民众获得正确信息的权利，不要玩数字游戏，不要虚与委蛇，如果确实和大多数人的认知相悖，也需要通俗直白地为民众解释清楚个中原委。

当问及"您认为中国的水污染防治政策应主要采取哪几种手段"时，

35.04%的人选择了"公众参与"这种手段，占比最高。这说明老百姓的身体健康已受到水环境污染的威胁，他们开始觉醒，并希望通过自己的参与来扭转局面。这无疑是个好的信号，关键是如何挖掘潜力，让每一个人都自觉维护身边的水环境，像爱惜家人一样爱惜生命之水。

2. 公众参与渠道不畅

当问及"如果您看到水资源被污染了，您会怎么办"时，有61.70%的群众想提意见，但不知道向哪个部门反映。大部分人都希望为治水出一份绵薄之力，但不知道通过什么途径。通过走访得知，先锋河周边居民曾尝试向环保部门、水利部门反映先锋河水质问题，但得不到及时回应。长此以往，居民的参与积极性必定受到影响。有居民说："既然我的反映他们置之不理，我白费力，以后干吗还要关心呢？"平时政府工作人员也较少向民众询问先锋河的有关情况。这导致公众在表达自己意见上缺乏参与和反馈的渠道和途径。因此，政府建立有效机制保障公众反映问题的渠道，并及时地反馈给公众很有必要。

3. 公众过度依赖政府，认不清自己的责任

政府是为人民服务的部门，它在老百姓心中占了很重要的位置，也在治理水污染的过程中起着主导作用。正因为如此，老百姓对政府有着强烈的依赖心理，因而认不清自己的责任。当问题出现时，老百姓第一个想到的是"这是政府的事"。很多人潜意识中都认为自己人微言轻，力量很弱小，能做的事也是微不足道的，根本不会起什么作用，于是大家都没有积极地参与到保护水资源的活动当中。很多人虽然知道治理先锋河需要大家共同努力，但是内心却最先否定了自己。但是对于水污染的治理，没有大家的共同努力，单靠政府来治理，犹如天方夜谭。因此，作为生活在地球上的一分子，我们应该竭尽所能地为保护环境献出自己的一份力量，在做到自律的同时引导帮助其他人养成环保意识和观念。

（三）农村环保设施不完善

在走访过程中我们还发现农村缺少相应的设施。先锋河沿岸的大部分居民对生活废水、厕所污水的处理采取直接排放的方法，河岸两边每隔十余米

就有一个排水管。因粪便直接排放河道，河中淤泥堆积越来越厚，长年累月，河床不断抬高，导致河流被截断无法正常流通，活水变成死水，水中几乎没有活鱼。天气一热，河泥上浮，恶臭阵阵，严重影响居民生活。有些地方甚至露出了河床，大段河流干涸造成整条河流被截断。

有些村庄花了大量资金购买环保设施，却未投入使用，使之沦为摆设。据调查了解到主要原因为：一是村民的从众心理，大家都怀着"你家不用我家干吗用"的心理；二是污水处理器需要用电，产生的费用不低；三是村民嫌安装环保设备的工作复杂，且机器设备运作时有噪音。

三、先锋河水污染治理对策

（一）群策群力，多管齐下治理水污染。

1. 构建"政府主导，民众支持"的治水格局，逐步完善经济社会发展考核评价体系。

（1）治水是一项系统工程，它涉及各方利益，必须由政府牵头。从另一个角度看，没有老百姓的理解和支持，仅靠政府部门单打独斗，治水就不可能成功，因此，治水必须相信群众，依靠群众。但在调查中我们发现将近一半的民众不清楚浙江省政府提出的"五水共治"，这从侧面反映了"五水共治"宣传不到位，农村的受众比例较少，存在着舆论宣传死角。为了发动群众，政府必需加大宣传力度，把"五水共治"宣讲具体到每个社区、每个人。有关部门可以把全省各地"五水共治"的对策、效果、老百姓的参与情况、照片等制成宣传册，免费派送到农户手中。同时，在人口聚集地张贴"五水共治"的公益海报，利用农村广播等传播媒介，播送相关新闻，扩大受众面。全省各级各类学校应利用课堂教学和课外实践相结合的方式，培养大、中、小学生"五水共治"的观念，发动学生向亲戚朋友、街坊邻居等宣讲有关政策，并积极参与"五水共治"志愿者活动。

（2）完善经济社会发展考核评价体系，从根本上解决地方政府治水方面的不作为。要落实省政府提出的"五水共治"政策，应把治水效果列入地方政府的绩效考核中，改变地方政府"唯经济指标"的考核评价体系，要把体现生态文明要求的目标体系、考核办法、奖惩机制纳入经济社会发展评价体系，真正树立生态文明观，在实践中追求绿色 GDP。

2. 企业应坚持经济利益与社会责任相统一。

积极治理污染并达标排污是企业一项义不容辞的法律义务，只有在此基础上赚取利润才是合理合法的。[5] 我们在调查过程中发现先锋河周边的企业和个体工商户没有统一的污水排放机制，以致污水横流，严重污染了先锋河。从 20 世纪 90 年代开始，短短二十年，鱼虾成群的先锋河就变成了今天了无生机的臭水沟。相关部门要加紧制订统一的污水排放机制，加强对沿河企业和个体工商户的监督与管理，统一截污纳管。针对"低小散"养殖户，相关部门可以成立"三沼"综合利用服务中心，向养殖户普及生产沼气、废渣还田、制造有机肥等知识，降低养殖过程中对水源的污染，大力推广"生态循环模式"，帮助他们走上可持续发展道路。在走访中我们了解到，萧山开发区环保局已制订了近期和远期的污水治理目标。但是，治污工程量浩大，除了靠政府的监督检查，企业的自律也是治水成功的关键。虽然追求经济效益是企业的生存法则，但企业也不能回避自己的社会责任。国家出台的《社会信用体系建设规划纲要（2014—2020 年)》中明确规定："加强重点领域信用记录建设。以工商、纳税、价格、进出口、安全生产、产品质量、环境保护、食品药品、医疗卫生、知识产权、流通服务、工程建设、电子商务、交通运输、合同履约、人力资源和社会保障、教育科研等领域为重点，完善行业信用记录和从业人员信用档案。"企业在"环境保护"层面的失信将影响企业的生存发展。因此，企业要转变发展观念，将环保理念落实到整个生产环节，改变生产工艺，通过技术攻关，达到节能环保，带动企业升级发展。

3. 培养百姓的环保意识，自觉维护"水环境"。

（1）加强环境教育，以基础教育或者社区教育等形式，提高广大农村群众的环境保护水平。提高群众环境意识对治理环境污染起着举足轻重的作用。只有群众整体环境意识的提升，并将环境意识和环境行为二者充分有机结合起来，才是解决整个环境问题的根本突破口。[6] 为了强化群众对环境问题的认知，有关部门可以用身边的实例来宣传环境保护的重要性。如萧山某村是远近有名的"癌症村"，水污染是某村癌症频发的原因之一，将某村癌症高发的原因、具体情况等制成宣传海报，引导大家关心身边的环境。

（2）建立农村生活垃圾统一收集、集中处理的垃圾处理模式。要在百姓聚居地按合理的密度投放大型垃圾桶，以方便百姓倾倒日常垃圾，改变乱扔垃圾的不良习惯。同时，大力宣传垃圾分类，把免费的分类垃圾袋发放到每家每户，由志愿者进村入户教大家垃圾分类，逐步培养村民垃圾分类的习惯。

4. 部队农场应入乡随俗，把自己视为地方的一分子，多和地方政府沟通协商，共同解决好水污染问题。

（二）保障公民知情权，提高公众参与度。

1. 保障公民知情权。信息公开是政府部门赢得民心的第一步，只有双方建立起信任关系，治水才能有深厚的群众基础。因此，各级环保部门应发布完整、及时的河水污染、治理信息，让群众充分掌握相关信息。运用现代信息技术，以老百姓喜闻乐见的在线访谈、网络直播等方式，让群众更直观、快捷地了解水污染动态与政府的治理措施。

2. 扩大公众参与渠道。首先，环保部门可以在每个社区挂一个投诉信箱，由社区工作人员将社区管辖范围进行网格化分配，并对每个网格进行编号，由专人负责处理或向环保局报送。其次，建立面对面的反馈机制。通过座谈会、听证会、民意调查、社区宣传等活动来搜集了解民意，并积极回应公众反映的污染问题，及时公布解决方案，增强政府回应性，时刻关心水污染问题，将水污染治理始终作为工作的重心。[7]再次，招募污水治理志愿者，把热心公益事业的人纳入"五水治理"工程。如设立"民间河长"。"民间河长"作为社会各界代表，义务参与"五水共治"的查、评、议、宣等工作，对所在乡镇（街道/开发区）"五水共治"办负责，独立行使监督权。2019年3月，今日早报及多家媒体联合杭州市城管委携手招募"民间河长"。经过筛选，最终选出56位人士成为今年47条黑臭河道的"民间河长"。"民间河长"的主要工作是定期实地探访，针对"黑臭河"治理的工程进度、

"返清"情况、存在问题等开展监督，给市民带来河道治理的最新消息，收集老百姓对河流整治的意见和建议，成为百姓与政府部门沟通的桥梁。工作推行半年来，"民间河长"真正担当起民间的护河使者，他们的真心付出换回了一条条"黑臭河"慢慢变清的巨变。正如有的专家所言：河长在民间，其示范带头作用也逐步显现。因此，先锋河也可以设立"民间河长"，配合"责任河长"的工作。

（三）健全农村环保设施，开发推广低成本的污水处理技术。

1. 中国环境污染治理投资有重城市轻农村的倾向。污染防治投资基本上都投入到了工业城市。萧山区虽是富庶之地，但城乡差距仍不同程度地存在。农村环保设施短缺，成为水污染治理的短板。政府及其相关部门应针对性地采取有效经济激励措施，从财政、税收、信贷、价格等渠道制定系列优惠政策，降低乡镇企业和农村聚居点的污染处理设施建设和运营成本，从源头上解决农村水环境污染问题。

2. 开发推广低成本的、简易可行的污水处理技术。农村的青壮年劳动力多外出打工，农村的管网设施及污水处理设施管理水平也非常薄弱，很多都是老年人在管理。因此，有关部门必须针对农村地区的资源与环境条件，开发推广切实可行、因地制宜的低成本的污水处理技术。一是"以水治水"，做农村分散污水处理站。考虑到农村地广人稀的居住特点，可摒弃成本高、维护难、铺设统一的农村污水管，建立农村分散污水处理站，采用土地处理法工艺（人工快渗、人工湿地、生物砂滤池等）。二是"以草养水"。这是西班牙拉科鲁尼亚大学 2013 年研发成功的植物净水法，在不足 1 米深的池塘或沟渠种植适合潮湿环境的灯芯草、芦苇、百合和宽叶香蒲等，使废水的整个净化过程通过水循环以及水与固体基质、微生物和植物之间的相互作用完成。植物净水法的水生植物在中国很普遍，非常适合在中国农村推广使用。三是"以气净水"。鼓励村民建造沼气池，产生的沼气是清洁能源，可以做饭烧水；分解后的残渣用来肥田，循环利用，既干净又环保。

当我们享受工业化带给我们的种种好处时，人与自然的关系也日趋紧张，水环境恶化便是其中之一。恩格斯曾警告人类："我们不要过分陶醉于我们人类对自然界的胜利。对于每一次这样的胜利，自然界都对我们进行报复"。因此，每个人都有义务积极参与到"五水共治"行动的时代潮流中，以我们的信心和决心编织"天蓝水净"的明天。

参考文献：

[1] 陈文科. 转型中国水危机的多维思考 [J]. 江汉论坛. 2013 (2)：63 – 70.

[2] 张恒，李延莉等. 循环经济：畜禽粪便污染治理之路 [J]. 江苏环境科技. 2008 (6)：172 – 175.

[3] 李胜，陈晓春. 跨行政区流域水污染治理的政策博弈及启示 [J]. 湖南大学学报（社会科学版）. 2010 (1)：45 – 49.

[4] 李洽淦. 水污染治理中的公众参与研究——基于广东省饶平县黄冈河治理的实证分析 [D]，2013 年 5 月.

[5] 冷罗生. 水污染防治法值得深思的几个问题 [J]. 中国人口·资源与环境，2009 (3)：66 – 69.

[6] 幸红. 农村水污染成因及防治对策——以广东农村水污染为例 [J]. 广西民族大学学报（哲学社会科学版），2010 (5)：137 – 142.

[7] 李洽淦. 水污染治理中的公众参与研究——基于广东省饶平县黄冈河治理的实证分析 [D]，2013 年 5 月.

"青"国"青"城——垃圾分类助力绿色生活（2019 年）

一、调研基础数据分析

（一）调研基本情况

抽样总量共 503 份，其中学生和社会居民群体分别为 298 份、205 份。

回收率：99.6%

有效率评估：99.6%

基本信息表（如下）：

表 1：抽样人群的基本信息

表一　　抽样人群的基本信息

要素	百分比（%）	要素	百分比（%）	要素	百分比（%）
性别		**年龄**		**居住地**	
男	42.35	18岁以下	20.28	上城区	2.39
女	57.65	18-40岁	69.98	下城区	1.79
职业		40-60岁	7.55	西湖区	3.98
A. 政府机关、事业单位公职人员	6.96	60岁以上	2.19	拱墅区	1.99
B. 工程师、医生、教师等专业技术人员	4.97			江干区	5.96
C. 企业职员	10.54	**学历**		滨江区	2.39
D. 个体户	5.17	硕士及以上	19.88	萧山区	22.47
E. 学生	59.24	大学	61.03	余杭区	47.71
退休	2.58	高中	16.1	富阳区	0.99
其他	10.54	初中、小学及以下	19.88	其它	10.34

（二）调研数据分析

1、杭州居民垃圾分类的意识及主动性

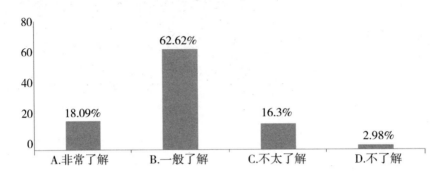

图1 杭州居民对于垃圾分类的了解情况

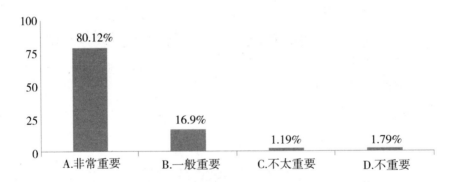

图2 杭州居民对于垃圾分类的重要性认识

在图1中，有18.09%的人对垃圾分类十分了解，另有78.92%的居民对垃圾分类有或多或少的了解，仅有2.98%的参与者对垃圾分类不了解。在图2中，有80.12%的人认为垃圾分类是十分重要的，有1.79%的人认为垃圾分类不重要。结合两张图，我们可以看出垃圾分类这一概念在杭州普及度很高，同时，绝大多数人已经意识到垃圾分类的重要性。

13.废纸张、废玻璃制品、废金属、废织物等适宜回收、可循环利用的生活废弃物等属于_____? [单选题]

选项	小计	比例
A.可回收垃圾	427	84.89%
B.有害垃圾	37	7.36%
C.湿垃圾	5	0.99%
D.干垃圾	34	6.76%

图3 垃圾分类常识问答题

14.玉米棒属于哪类垃圾? [单选题]

选项	小计	比例
A.可回收垃圾	45	8.95%
B.有害垃圾	17	3.38%
C.湿垃圾	295	58.65%
D.干垃圾	146	29.03%

图4 垃圾分类常识问答题

15.您平时是如何处理废电池、废金属、旧玻璃等有害垃圾的? [单选题]

选项	小计	比例
A.送到回收站集中处理	73	14.51%
B.丢到指定的地点或分类垃圾桶	295	58.65%
C.和其他垃圾一起丢进垃圾桶	126	25.05%
D.随意丢弃	9	1.79%

图5 垃圾分类常识问答题

16.干果仁、中药药渣、宠物饲料、瓜子壳、鸡蛋壳等属于哪类垃圾? [单选题]

选项	小计	比例
A.干垃圾	245	48.71%
B.可回收垃圾	18	3.58%
C.湿垃圾	221	43.94%
D.有害垃圾	19	3.78%

图6 垃圾分类常识问答题

图3、4、5、6四道题目均为垃圾分类常识问答题，平均正确率达65.16%。第一道题正确率达到84.89%，第二、三、四题的正确率都只50%

左右。说明杭州居民对废纸等生活常见的可回收垃圾和有害垃圾的分类很了解，但对干、湿垃圾这一新分类标准的认识较为模糊，对较为复杂的分类方式尚不清楚，由此可知居民垃圾分类知识还有待提高。

2、杭州居民了解垃圾分类的途径

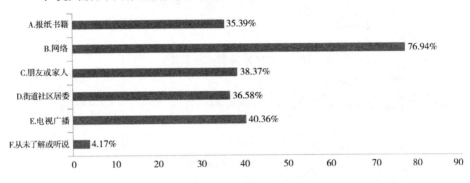

图7　杭州居民了解垃圾分类途径占比

从图7可知，有76.94%的杭州居民了解垃圾分类的途径来自网络传播，说明随着网络科技的日益普及，网络对宣传垃圾分类知识起到了关键性作用。另外，报纸书籍、朋友、家人、街道社区以及电视广播的占比都不低于30%，也说明这些渠道对传播垃圾分类的知识也起到较大作用。由此可知，为更好地宣传垃圾分类知识，应以网络为主，电视、广播等为辅，更好地进行垃圾分类知识的宣传。

3、影响居民实施垃圾分类的原因

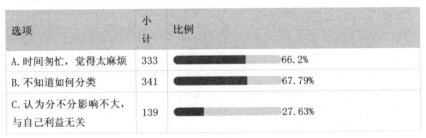

图8　影响居民实施垃圾分类的个人原因

从图 8 可以看出，在影响居民实施垃圾分类的主要原因中，有 66.2% 的人因为时间匆忙，觉得太麻烦，另有 67.79% 的人不知道如何分类，27.63% 的居民认为丢垃圾不分类影响不大，且与自己利益无关。由此说明，在不实施垃圾分类的人群中，对垃圾分类重要性的认识不充分、欠缺垃圾分类知识是主要原因。因此，加强对垃圾分类知识的普及和垃圾分类重要性的相关宣传教育仍需不断加强。

选项	小计	比例
A. 公众环保意识淡薄	386	76.74%
B. 基础设施不够完善	326	64.81%
C. 宣传力度欠缺	252	50.1%
D. 公众对垃圾分类还不够了解	358	71.17%
E. 激励和惩罚措施不分明	190	37.77%
F. 我国垃圾处理技术落后	112	22.27%

图 9 影响居民实施垃圾分类的社会原因

选项	小计	比例
A. 加强相关知识的宣传	435	86.48%
B. 合理布局垃圾分类设施	374	74.35%
C. 加大激励和惩罚力度	267	53.08%
D. 提升居民社会公德	301	59.84%
E. 垃圾桶上明确标示垃圾分类方法	329	65.41%
F. 其它	22	4.37%

图 10 开展垃圾分类的对策建议

从图 9 可以看出，占比最高的两个选项分别是公众环保意识淡薄（76.74%）和公众对垃圾分类还不够了解（71.17%）。由此说明，加强公众的环保意识和加强垃圾分类知识的普及能更好地助力垃圾分类高效地实施。

从图10可以看出，86.48%的居民提出应加强相关知识的宣传，74.35%的居民认为应该合理布局垃圾分类设施。因此，推进垃圾分类既要提升居民的垃圾分类意识，还要完善基础设施建设。其中，加强垃圾分类相关知识的宣传教育、完善基础设施的建设是垃圾分类的前提条件，完善的奖惩机制是推进垃圾分类的重要保障，提升居民社会公德和环保意识是落实垃圾分类的长久之计。

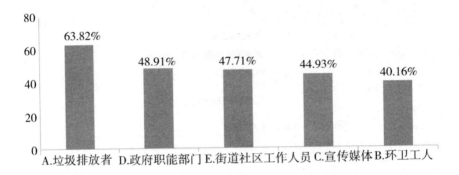

图11　居民认为应在开展垃圾分类过程中发挥主导力量的群体

从图11可知，有63.82%的人认为垃圾分类需要从自身做起，有48.91%和47.71%的人认为政府部门和社区应发挥主导力量，44.93%的人认为要依靠宣传媒体，还有40.16%的人认为需要环卫工人的努力。由此说明，推行垃圾分类是个系统的工程，需要政府、社区、个人的共同努力。

二、杭州市垃圾分类现状分析

（一）居民的垃圾分类意识相差较大

在走访调研过程中，我们经常会发现截然不同的两种景象：一种是垃圾分类示范小区。小区的垃圾桶里装有一袋袋的小垃圾，并且垃圾投放准确率达到95%。另一种是瓜皮、纸张、塑料瓶混合投放的街边垃圾桶。

经调查得知，垃圾分类示范小区实行严格的积分统计制度，每天会有志愿者进行督促检查，居民若未能正确投放都将被扣分，严重者将在小区公示。基于此，居民们都会认真实行垃圾分类，做到准确投放。在我们走访的余杭垃圾分类网红小区毓秀家园中，每一户家庭都有一卡一码，通过扫描小区配置的二维码取袋机，领取记录有住户信息的垃圾袋，再通过志愿者的反复宣传和各种激励机制，让居民们逐步养成垃圾分类的意识和习惯。另一方面，由于街边垃圾桶数量有限，且无人看管监督，行人丢弃的垃圾来源广泛，再加上行人匆忙，很少有人会注意垃圾桶标识，直接随手一扔，从而造成恶性循环。

（二）垃圾分类设施亟待完善

现在杭州市街道上随处可见的垃圾桶，大多分为两类：可回收物和不可回收物；也有的划分为三类：可回收物、有害垃圾以及其他垃圾。不管是何种分类，普遍存在着分类指导图例不明确或缺失的问题。随着城市化的加快，垃圾成分趋于复杂化，可回收的垃圾种类也趋于复杂化。如果分类过于简单，垃圾桶上仅有一个可回收的标识，将很难引导人们去完成垃圾的正确投放，以至于无法真正落实垃圾分类。

（三）大学生的垃圾分类意识仍需提升

通过调查发现，大多数大学生都会把垃圾扔进垃圾桶，这表明大学生的环保意识普遍较强，但大多数大学生在扔垃圾时都没有考虑垃圾分类，表明其垃圾分类意识普遍不强。同时，校园内对垃圾分类的宣传力度不够，一半以上的大学生对于垃圾分类的认识较为模糊。虽然多数大学生对校园生活垃圾分类宣传活动给予肯定，并表示愿意付诸行动，但仍有少数大学生对生活垃圾分类持消极的态度，认为太麻烦，说明在学校推行垃圾分类存在一定阻力。据调查，绝大多数的学生是把在宿舍产生的日常生活垃圾直接扔进宿舍楼外的大垃圾桶内，只有少部分的人会经过简单的分类再扔。有些学生想分类但是没有分类的垃圾桶，还有一些是看到别人没分类，所以自己也没分类。因此，我们可知大学生未做到垃圾分类的原因主要是缺乏垃圾分类意识和垃圾分类设施不齐全，部分人不知道如何分类投放，对垃圾分类回收的益处不了解。对于新时代的大学生而言，他们大多具有良好的环保意识，也乐于接受环保、垃圾分类的宣传和教育，但是在行动上，做得还远远不够。

三、垃圾分类实地调研采访手记

表2：暑期社会实践调研采访安排表

采访形式	时间	地址	人物	主题
集中走访	2019.7.4	毓秀家园社区（垃圾分类模范小区）	吴阿姨	采访垃圾分类志愿者
	2019.7.5	杭州市塘栖村（第一批实行农村垃圾分类工作的试点）	塘栖村书记	塘栖村实地考察
	2019.7.6	杭州市塘栖生活垃圾分类处理中心	垃圾分类处理中心负责人	探访垃圾分类处理中心
分散采访	2019.7.7	余杭区塘栖古镇周边及各大社区街道	交警	垃圾分类问卷调研
			城管	
			高中生	
			市民	

第一站 ｜ 杭州市余杭区垃圾分类网红示范点——毓秀家园小区

图 12－13　调研团队采访小区垃圾分类志愿者

清晨，我们绿宝藏团队一行来到了余杭的网红小区——毓秀家园小区。这里是余杭垃圾分类的模范小区。刚踏进小区大门，我们遇见了正在值班的志愿者阿姨们。在了解我们此行的目的后，志愿者队长吴阿姨细心地为我们讲解了小区垃圾分类的特色之处。志愿者们每天都要到每个单元楼下的垃圾回收点检查垃圾桶。志愿者们将垃圾袋一个个打开检查，当发现垃圾投放不合格时，他们会根据垃圾袋上二维码所显示的住户信息进行登记，以便对垃圾分类不合格的住户进行监督指导。在小区内，我们发现，这里不管老人还是孩子，他们对垃圾分类都有着较强的自觉意识，对于他们来说，垃圾分类已经成为一种习惯，垃圾分类已经融入了他们的生活。

第二站｜杭州市塘栖镇塘栖村

图13-14　调研团队与塘栖村村领导开展座谈交流、参观垃圾分类示范点

我们绿宝藏团队来到了塘栖镇第一批实行农村垃圾分类工作试点村——塘栖村。塘栖村的村领导为我们详细讲解了塘栖村实施垃圾分类的发展过程和实施细节。第一，通过前期全面的宣传普及，村民们逐步形成主人翁意识，主动参与垃圾分类中；第二，有专门的志愿者每天上门检查并登记每家每户的垃圾分类情况，抓实日常督促，做好必要的二次分拣，分好类后的垃圾送到生活垃圾分类处理中心，进行规范化、标准化的处理，而非简单的焚烧或填埋，实现了塘栖村生活垃圾就地减量。第三，塘栖村还推出了垃圾分类超市。将垃圾分类的结果转换为垃圾分类代金券，每半年结算一次，村民可以用兑换券在村内的分类超市购买一些生活用品，这样极大提高了村民垃圾分类的积极性，大家都愿意参与其中，垃圾治理的成效也非常显著。

第三站丨杭州市塘栖生活垃圾分类处理中心

图15-16　参观塘栖村生活垃圾分类处理中心并采访中心负责人

在走访调研中，我们还参观了塘栖村生活垃圾分类处理中心。这里干净整洁的垃圾处理中心与我们印象中脏乱臭的垃圾场形成鲜明对比。进门后，左手边是正在工作的垃圾分类处理机器，右手边是一系列街镇的垃圾分类宣传照片，在宣传墙的前方则是一片植物园，里面种满了各种各样的花和农作物。垃圾分类处理中心的负责人热情地向我们介绍了处理中心的日常工作和历史成绩。在对他简短的采访中，我们了解到，原来院内所有绿色植物都是由这些垃圾处理后的残渣制成的肥料所供养的。处理中心的做法让我们彻底改变了对于垃圾处理中心的看法，明白了我们生活中的大部分垃圾其实是放错了地方的宝藏。

三、推行垃圾分类的对策思考

（一）政府层面

首先，政府等有关部门应当完善垃圾分类法律法规，加大执法力度，细化垃圾分类的相关政策规范，对一些不配合垃圾分类的单位和个人进行惩罚，加大惩治力度，用法律来约束行为，这样才能切实推进垃圾分类工作。其次，政府应加强垃圾分类的宣传教育，提高市民的参与意识。坚持"政府主导、社会参与、公众行动"的原则，加强公众宣传和舆论引导，使垃圾分类深入人心，增强居民垃圾分类的积极性和自主性。再次，建立垃圾分类机构，健全垃圾分类体系。借鉴国内外的经验，由政府牵头，健全符合国情的垃圾分类体系，制定分类规划。最后，控制垃圾源头，以"谁污染，谁治理"原则实行垃圾按量收费制度，按照垃圾的产生量收费。通过经济手段实现垃圾处理的减量化、资源化和无害化。

（二）社会层面

第一，社会各行业应及时配合政府一起完成垃圾分类的宣传，设置规定的垃圾分类容器和分类标识。第二，在各个社区街道中，应做到容器标识规范清晰，并配有海报宣传。另外还应设置装修垃圾、大件垃圾堆放空间标识。第三，应根据垃圾分类实施情况，加大经费投入，由相关负责人及时对垃圾分类设备设施给予购置和更换。科学设置垃圾投放点，并做到"数量合理、种类齐全、标识清晰、摆放正确"，方便居民分类投放，确保各类垃圾投放到位。

（三）高校层面

第一，高校可以多举办一些以"环保"和"垃圾分类"为主题的宣传教育活动，让更多的学生认识并参与到垃圾分类中来。比如，开展垃圾回收文化周，组织相关的环保活动和垃圾分类知识讲座等，普及垃圾分类知识，提高学生对于垃圾回收利用及分类的主观意识；还可以成立垃圾分类学生社团，定期在社团内举行有意义垃圾分类活动，让垃圾分类这一活动真正地"活"起来。

第二，高校应做好监督和检查工作，加强组织力和监督力，制定相关的奖罚措施，从而逐渐把垃圾分类从工作变成学生们的日常行为习惯，把垃圾分类由学生被动接受的态度变成主动积极的行为。

第三，分类垃圾桶是最基本的垃圾分类处理方式。学校可以在学生宿舍楼下进行一定密度上的分类垃圾桶安放，例如，可以在 2－3 栋宿舍楼之间安放定点定制分类垃圾桶，提供基础的垃圾分类设施。此外，学校还可以考虑将社会上的一些垃圾分类机构引进校园。如杭州的虎哥垃圾站、小黄狗智能垃圾分类回收机。另外，学校要根据学生们实际的垃圾产生情况进行不同地点的垃圾桶安放工作，比如教学楼内的垃圾以干垃圾为主，那就可以考虑在每个楼层安放一定数量的干垃圾桶。

第四，透明化的末端垃圾处理。在垃圾分类这一完整链条上，垃圾分类末端处理显得格外重要。让同学们明白自己一直在为之付出的垃圾分类是的的确确有现实意义的，这是做好垃圾分类的关键。学校要明确关注垃圾的实际去向，严格监督垃圾收运的流程，将垃圾分类的成果及时地通过短信或者学院官微让同学们实时了解到垃圾分类的末端处理，让学生们"吃饭一分钟，分类两小时"的付出得到有意义的回馈。

（四）个人层面

作为社会公众，要积极发扬主人翁意识，做改善环境的先行者，做保护环境的践行者。认真实践"可持续发展"生活理念，把节能环保当成义不容辞的责任，积极参与到生活垃圾分类处理的行动中来。地球是我们共同的家，舒适的生活环境需要你我共同创造。每位公民都要从我做起、从现在做起、从生活中的点滴做起，从家庭、社区做起，从垃圾分类做起，共同保护我们的美丽家园。其实垃圾分类真的很简单，关键在于我们每一个人对于它的了解程度有多少。作为社会中的一分子，我们应多多了解垃圾分类的知识。当你真正地深入了解垃圾分类的益处后，每当你丢垃圾时，你的心里都有一种使命感，一种内在的力量驱使着你去做这件事情。那么，垃圾分类对于我们就是有意义且有成就感的一件事。

"绿水青山就是金山银山"，通过这次暑期社会实践，我们绿宝藏团队始终坚信：这个世界上没有真正的垃圾，只有放错了位置的宝藏。垃圾分类给我们最大的感受如同一个家庭中逐渐成长的孩子一般，从最初的呱呱坠地，它显得如此弱小无力；到后来慢慢长大，少年的它又是那样天真调皮；直到现在的它，开始渐渐成熟，渐渐地可以感受到青春与希望的气息。我们相信，在以后一次次的实践与总结中，垃圾分类一定会找到属于自己的一片天空，绿水青山的轮廓也会在这片天空下显得更加清晰。

附：调研小组自制暑期社会实践调研视频，请扫码观看。

附：2019 年暑期社会实践视频展示

第三章

03

文化之旅

旅游影响下的乡村文化变迁

——以浙江安吉"四地"为例①

（2012 年）

一、选题意义

城市给我们带来物质、精神财富的同时，也带来了拥挤的交通、冷漠的人际关系、逼仄的居住环境、巨大的生活和工作压力。"城外的人想进来，城里的人想出去。"厌倦了城市生活的城里人开始把旅游目标转向农村，感受那别样风情，乡村旅游由此诞生。乡村旅游资源固然在于其田园风光及迥然不同于大城市的悠闲氛围，但其独特的传统习俗、别具风格的传统建筑、欲罢不能的美食，以及巧夺天工的工艺品也都成为吸引游客前来的旅游产品。为了带动乡村经济发展，农民越来越重视他们独有的文化特色。正如《全球旅游伦理规范》所言，旅游的贡献在于促进人民和社会之间相互了解与尊重，旅游促进了文化交流。旅游还具有复兴激励地方文化的潜力。无论何时，如果旅游成为地方经济的重要组成部分，就会提高地方政府和居民挖掘地方文化的兴趣。

但旅游带来正面效应的同时，也不可避免地使当地文化受到侵蚀，受异质文化冲击造成传统文化的弱化。大部分学者注意到乡村文化的弱势地位，

---

① 本作品过程性成果《中国乡村旅游的文化内涵建设探析——基于"涵化"理论》在《旅游论坛》2011 年第 5 期发表。

它一方面受城市强势文化的冲击；另一方面当乡村文化与外界接触，主动改变自身时，往往会放弃自己的特色。其次，文化异化、商品化和本土文化的扭曲。当文化产业和旅游结合，乡村文化的商品化不可避免地冲击了文化的继承和发展，乡村文化的乡土性等也受到挑战，逐渐成衰落之势，部分学者对此表达了自己的忧虑。再次，乡村文化生存空间被挤占。乡村文化是乡民与乡村在自然的长期的相互作用过程中所创造出来的，具有区域性，所谓"十里不同风，百里不同俗"。旅游加重了乡村文化承载量，使其满负荷甚至超负荷运转，不利乡村文化生存。

作为新兴的乡村旅游发展点，安吉的乡村文化受到了旅游的冲击吗？旅游对当地文化变迁产生积极的抑或是消极的影响，这将成为本次调查的重点。

二、安吉"四地"乡村旅游的文化特色简介

为了调查旅游影响下的乡村文化变迁，我们选择了安吉县几个有着丰富乡村文化内涵的村庄：郎村、尚书圩村、彰吴镇、上舍村。调查过程中，我们走进田间地头，深入村民家中，和当地村民进行了面对面交流，掌握了第一手材料。

具有浓厚畲族文化的郎村是我们的首站。郎村是浙北最大的少数民族畲村，畲族人占全村总人数1/3，是湖州市仅有的两个少数民族村之一。2008年郎村依托美丽的自然环境和特有的民族文化，成功创建了首批中国美丽乡村精品村。2010年被浙江省旅游局、浙江省文化厅联合评为浙江省非物质文化遗产十大旅游景点之一。近年来，郎村充分利用少数民族优势，做深做强"畲族品牌"文章，通过每年举办"三月三"畲族歌会节、"九月九"畲族丰收节等系列活动，传承畲文化底蕴和特色，扩大对外知名度和影响力。

第二站是彰吴镇，这里是吴昌硕先生的故居。正月舞龙是鄣吴的一方风情。鄣吴舞龙已有200多年的历史。竹骨工艺扇在鄣吴有着悠久的历史，它利用当地丰富的毛竹资源和当地书画气氛浓厚的优势，使竹扇集实用性、装饰性、欣赏性、收藏性于一体，产品远销全国各地及日本、韩国、新加坡

等地。

第三站是以"尚书文化"见长的尚书垓村。近年来，尚书垓村充分发挥生态优势，挖掘尚书文化，积极打造"中国美丽乡村"。去年皈山乡尚书村已成功举办第二届尚书文化节和首届葵花节。

最后一站是以"舞龙文化"闻名的上舍村。有传承千年的朱氏家谱，有千年历史的古村落遗址，有世代相传的龙舞文化，竹叶龙在化龙灯的基础上创新，由笋成竹，由竹化龙，变化万千，堪称一绝。2008年竹叶龙舞上天安门广场，2009年远赴法国一展国粹。

三、旅游影响下的乡村文化变迁解析

有关乡村文化的解释多种多样，张艳等把乡村文化分为"显性"和"隐性"两种，提出乡村文化是乡村居民与乡村自然相互作用过程中所创造出来的所有事物和现象的总和。[1]李伟通过研究发现"几乎所有文化学研究者都能同意把文化的构成最粗略地划分为物质文化、制度文化和精神文化，因为这种划分能够最大限度地涵盖整个文化世界。"[2]由学者普遍认同的乡村文化为理论基础，胡幸福、胡静在分析古村落文化的结构及其嬗变机理的基础上，进行指标搜集，并使用SPSS统计软件对指标进行因子分析，从而构建出旅游影响下古村落文化嬗变的评价指标体系。[3]该指标体系比较科学可行，故本次调查采用了该体系，并结合调查地点的实际状况，进行了部分修订。确定旅游影响下的乡村文化变迁评价指标48个，其中物质文化指标12个，行为与制度文化指标17个，精神文化指标19个。按照"非常同意""同意""中立""不同意""非常不同意"5个等级对指标的认可度进行划分，并分别赋予5、4、3、2、1的分值，最后取均值。

本次调查共发放问卷340份，其中有效问卷333份，有效率97.9%。（数据统计表详见附件1）对比安吉"四地"的数据，我们发现虽然在很多指标上，安吉"四地"表现比较一致，但也有个别指标有较大差距，如古建筑、古遗址的保存情况，鄣吴镇相较其他三地做得比较好。郎村和尚书垓村对手工制作工艺品需求量少于其他两个村，导致村民忽视了老祖宗的手工

艺，传承人越来越少。

　　具体而言，安吉"四地"的文化变迁仍呈现出自身特色。我们发现郎村古建筑很少，人们普遍认为新式住房更适合居住，但是大部分村民认为旅游有利于保护和修复当地的古文物建筑。当地很多人在工厂里从事竹制品加工，但机械化生产取代了以往的手工制作，传统手工艺的传承人越来越少。人们对当地的礼仪风俗了解很少，一些节庆活动基本上是发展旅游业后才恢复的。很多人认为这只是一种形式，单纯做给游客看的，村民们参与其中也只是图个热闹。对于一个以少数民族风情为品牌的乡村，我们觉得有些遗憾。但人们的文化自觉已慢慢萌芽，知道祖宗的文化不能丢。在当地一般都不讲普通话，而是习惯说土话，这至少是一种口头传承的文化。就价值观念来看，我们发现村民始终保持着平常心态，即使和城市人相比，他们也没有过多的自卑感，对于新鲜事物他们也比过去更容易接受。道德取向变化不大，基本处于平稳状态，以前怎么样，现在还是怎么样。由村民的宗教信仰调查发现，村民思想比较开放，响应国家政策，主张宗教信仰自由，有些人信佛教，有些人信基督教。对于宗教信仰作为旅游产品开发，他们基本保持中立态度。

　　在孝丰镇尚书圩村，由数据分析，我们得知村民们对于传统的手工艺不太了解，对村里的一些古建筑、文物等也不是特别重视。在行为和制度文化这一模块中，村民们对于大型的传统节庆活动了解不多，一些民间传说、歌谣、谚语等流传范围越来越小，甚至已经失传；村民们基本说家乡话，普通话只在年轻人中普及。在精神文化这一模块，可以发现随着旅游业的发展，外来文化对本地文化的影响还是比较小的，村民们并没有因为游客而改变，而且也很排斥为赚钱而作假的现象，可见民风之淳朴。但村民们不约而同地承认"经商比种地好"，我们在当地调查时也发现村里大多是老人带着小孩，年轻人基本上都出外打工了，说明现阶段外出打工赚的钱远比家乡开发旅游业所带来的收入要多。

　　由鄣吴镇数据分析可知，这里的村民主观意识比较强，他们对于建筑、手工艺品、饮食、价值观等方面见解独特，认为房屋的舒适度、菜肴的可食性都因人而异，发展旅游业也不仅仅只是为了赚钱，城里人与乡下人各有各的不同，外出工作对于年轻人更适合，而对于老一辈而言在家务农会更好，村民们认为旅游表演可以不真实。不过村民们对村里的政务了解不多，也不知什么是规范的乡村管理，我们觉得该村的乡村管理亟须改进。

上舍村原先对古建筑、古遗址保存并不重视，以至于现在古旧的房子难觅踪影，对新民居中含有的传统元素也认识不到。妇女很少从事旅游业。在礼仪风俗中，他们继承了龙文化，将"竹叶龙"打造成了浙江省非物质文化遗产，每年举办龙舞大赛，但在传统文化认同方面仍然比较茫然。村里的民间传说、歌谣、谚语等流传下来的比较少，年轻人基本上不知道。这里还有湖州师范学院的旧址，说明当地村民自古至今都崇尚"文治"，所以重视教育，老人们基本都是高中以上文化水平。

调查过程中我们还有一些想法，那就是做强做大乡村旅游不容易。在郎村我们看到了很多为游客表演用的民族乐器在旅游淡季就一直荒废着。一个投入了很多资金的项目不能只为赚钱，它还应该为当地村民带来实实在在的好处才行。一路调查过来，我们可以感受到交通的重要性，基础设施建设对山区而言谈何容易，所以乡村旅游开发不能操之过急。

四、安吉"四地"乡村文化变迁过程中存在的问题及对策

经过分析研究，我们认为安吉"四地"发展乡村旅游后，其文化变迁幅度不大，这和"四地"均为新兴的乡村旅游点有关。1980年，Butler 提出了"S型旅游地生命周期演化模型"，认为旅游地生命周期一般经历探索阶段、参与阶段、发展阶段、巩固阶段、停滞阶段、衰落阶段或复苏阶段，每个阶段均有其标志性特征。[4] 安吉"四地"均处于发展阶段，游客数量有限，对当地文化冲击不大。旅游带来的经济效益增长给村民带来了实实在在的好处，他们仍秉承着淳朴的民风，对旅游者大都持欢迎的态度。就目前旅游发展状况而言，旅游对乡村文化起着积极作用，它唤起了村民的"文化自觉"，恢复了古老的文化传统。但是我们很难预测，随着乡村旅游的进一步开展，游客不断蜂拥而来，它是否会依次经历旅游地生命周期的各个阶段，最后走

向衰亡。为了避免重蹈这种周期律，我们可以防患于未然，在乡村旅游的发展初期，就发现问题并解决问题。

总的来说，主要存在以下几个问题：

一是古建筑、古遗址保护不力。旅游开发前，村民们根本不重视古建筑、古遗址，"文革"时破"四旧"，古建筑所剩无几。后来经济发展，口袋鼓了，家家户户拆旧房、盖新楼，老房子基本退出了历史舞台。现在发展旅游，村民们才知道古建筑也是旅游资源，可惜太迟了。

二是乡村管理不透明。随着旅游开发，村委会作为乡村旅游的主导者，其所作所为，村民有些看法，有人认为资金的支出基本合理，有人认为钱被村领导乱吃乱喝用完了。特别是对旅游开发不赞同的村民认为发展乡村旅游和自己无关，持"他搞旅游业，俺种田；他不搞旅游业，俺还是种田"的态度。村民们在乡村管理方面存在着很大分歧，说明村干部和村民之间缺乏沟通，互相不理解。

三是手工传承后继乏人。现代化强烈地冲击着手工制作，机械化生产出的手工制品既实用又便宜，纯手工制品的市场不断萎缩。加上年轻人纷纷出外打工赚钱，手工传承人难以为继。如胡启华是上舍村"竹叶龙"的第四代传人，省级非遗继承人，他直言儿孙们嫌赚钱少，都不愿在家学扎龙，全在工厂打工，偶尔帮个忙。

针对以上存在的主要问题，我们提出了如下对策：

（一）加大对古建筑的保护力度。古老的建筑是重要的旅游资源，保护古建筑，可以从以下几个方面入手：第一，根据历史建筑的文化背景，对重要的历史建筑可以选择原地重建或易址再建。第二，采用全息数字技术保存传统的技术、工艺，建成可供借鉴的数据库。第三，古建筑可以采用现代的材料、技术和工艺，修旧如旧。第四，增强村民对古建筑的保护意识。

（二）鼓励村民积极参与村务管理。对村委会管理存在的问题，其症结集中在村务管理的不透明。因此，村干部要加强与村民之间的信息沟通。每个月至少开一次村民会议，每户家庭至少一名代表参与。村政府要设置意见箱，并安排专人定期开箱，解决村民关注的问题，并将结果张榜公开。村务公开透明最核心的是村里的账务，账款收支要条理清楚，并附上账款收支的简要说明，可以一季度或半年公布一次。

（三）大力挖掘和保护"非物质文化遗产"。安吉"四地"有丰富的"非物质文化遗产"，如节庆活动、舞龙、民间传说、戏剧、歌谣等，目前挖掘出来的不多，或者仅停留在表面的开发，潜力十分巨大，它们将成为"四地"乡村旅游可持续发展的动力。不仅要加强村民们对"非物质文化遗产"的保护意识；而且要大胆创新，提高其知名度。我们可以借鉴河北吴桥，吴桥的传统文化项目是杂技，吴桥举办了国际杂技节，将杂技作为自己的名片在全世界展示。首先，通过学校教育和社区教育，培养年轻一代对地方文化的认同感。在形式多样的乡村文化活动中强化文化认同，激发普通民众参与保护"非物质文化遗产"。其次，和中小学合作共同建设文化传承教育基地，培养接班人。加大传统文化培训基地建设，吸引更多的年轻人参与。第三，组织专家学者组成专家指导委员会，召集相关村民，整合乡村文化资源，做好传统文化的整理和传承工作，积极申请各级"非物质文化遗产"，评选并资助"非物质文化遗产"传承人。第四，加大旅游工艺品的开发与制作，增加传统手工艺品的附加值。

五、深层思考及展望

"就中国现阶段民间传统文化的发展而言，依然是中央政府主导，地方政府自上而下利用权力与资本进行运作，发掘民间社会所提供的传统文化资源，带有强烈的知识精英所主导的民族国家话语。"[5]政府主导不利于乡土文化保护，乡村文化的传承主体是"生于斯，长于斯"的广大农民。故乡村文化建设要"以人为本"，以农民为主体，服务于农民，给农民以话语权，增强其族群认同感和文化认同感。"农民主体"就是要通过文化类合作组织把一盘散沙式的农民组织起来，以乡村文化创造者、享用者和传承者的身份，广泛参与文化创新。[6]文化创新不仅仅是传承乡村传统文化，因为任何文化在其发展过程中，都不可能是一成不变的"死文化"，文化变迁是必然规律，关键是如何变。我们要向好的方面变，而且要变中求新。只有这样做，旅游对乡村文化的消极影响才能消解，乡村旅游才能散发出持久的"乡土性"魅力，也唯有此，乡村旅游才能凭借其文化内涵获得可持续发展。

人类学家玛格丽塔.米德，在去世之前谈到她对于这个世界最大的忧虑："我们的世界将冲击成同一的、没有任何色彩的地方。人类的全部想象可能要被囚禁在单一的智力和精神形态里。"乡村文化以其独有的魅力，和城市文化平分秋色，共同构筑起多彩的文化现象。如何在旅游影响下保持自己的特色，又能吸引游客，把握其变迁程度及速度，引导其正态变迁，将成为乡村旅游永远的课题。

参考文献：

［1］张艳，张勇.乡村文化与乡村旅游开发［J］.经济地理，2007（3）：509－512.

［2］李伟主编.旅游文化学［M］.北京：科学出版社，2006：30.

［3］胡幸福，胡静.旅游影响下古村落文化嬗变评价体系的构建［J］.天津大学学报（社会科学版），2011（4）：312－315.

［4］BUTLER R W. The Concept of a Tourism Area Cycle of Evolution：Implications for Management of Resources［J］. Canadian Geographer，1980，24（1）：5－12.

［5］李小云，赵旭东，叶敬忠主编.乡村文化与新农村建设［M］.北京：社会科学文献出版社，2008：97.

［6］石群.中国乡村旅游的文化内涵建设探析——基于"涵化"理论［J］.旅游论坛，2011（5）：89－92.

附录1

旅游影响下的"安吉四地"乡村文化变迁调查数据表

地点 指标			安吉四村340份（7份废卷）	朗村80份（2份废卷）	上舍村156份（5份废卷）	尚书垓74份	鄣吴镇30份
物质文化	民居建筑、历史遗址	古建筑、古遗址保存完好	3.1	2.8	3.1	3.0	3.7
		新民居有传统元素	3.0	2.6	2.9	3.3	3.4
		新民居更适合人们居住	3.8	3.8	3.8	4.0	3.6
		旅游有利保护和修复当地文物古迹	3.5	3.3	3.5	3.4	3.8
	工具及手工艺品	需求量大	3.6	2.6	4.4	2.9	4.1
		传承人多	3.0	2.3	4.0	2.6	3.5
		保留了原有的手工制作工艺	3.5	2.9	4.1	3.0	3.6
		创新品种更受游客欢迎	3.6	2.9	4.3	3.4	3.1
	饮食	原汁原味的乡土菜肴更适合游客	3.9	4.1	3.7	4.2	3.4
		食材都是自产自销	3.6	3.9	3.3	4.0	3.5
		制作方法逐步精致化	3.4	3.5	3.3	3.6	3.6
		开发了多种新菜肴	3.4	3.4	3.3	3.5	3.4

续表

指标 \ 地点			安吉四村 340份（7份废卷）	朗村 80份（2份废卷）	上舍村 156份（5份废卷）	尚书垓 74份	鄣吴镇 30份
行为与制度文化	家庭关系	妇女参与旅游业，提高了地位	3.4	3.4	3.3	3.7	3.1
		家庭和睦，凝聚力强	4.0	4.2	3.8	4.3	4.0
		子辈孝敬长辈	4.2	4.3	4.2	4.3	3.5
	人际关系	对游客讲信用、热情好客	4.2	4.2	4.1	4.3	4.1
		邻里关系亲密无间	4.1	4.1	4.1	4.0	4.0
	乡村管理	村民共同遵守乡规民约	3.8	3.9	3.9	3.7	3.2
		有成文的管理制度	3.7	3.8	3.7	3.8	2.9
		乡村管理规范透明、民主公开	3.6	3.8	3.5	3.8	3.2
	礼仪风俗	风俗习惯乡土味浓厚	3.7	3.8	3.6	3.8	3.6
		延续了老祖宗传下来的风俗	3.5	3.5	3.4	3.7	3.4
		有大型的传统节庆活动	3.5	3.9	3.3	3.4	3.2
		大家参与节庆活动的热情高	3.6	3.7	3.6	3.7	3.4
		节庆活动是旅游发展后恢复的	3.3	3.4	3.1	3.7	2.6
		有着鲜明的地域文化（如竹文化、茶文化、酒文化等）	3.8	3.7	3.8	3.9	3.6
	语言及口头传承	说家乡土话的人很多	3.8	3.9	3.6	4.1	3.8
		民间传说、歌谣、谚语等仍在流传	3.2	3.5	3.0	3.3	3.4
		普通话普及程度低	2.8	2.7	2.8	2.7	3.0

续表

地点 指标			安吉四村 340份 （7份废卷）	朗村 80份 （2份废卷）	上舍村 156份 （5份废卷）	尚书圩 74份	鄣吴镇 30份
精神文化	思想意识	发展旅游业，村集体的凝聚力加强了	3.6	3.3	3.6	3.8	3.8
		游客越来越多，让我更认同乡土文化	3.8	3.8	3.8	3.9	3.8
		和过去相比，能较快地接受新观念、新事物	3.8	3.8	3.7	3.9	3.6
		民族精神得到挖掘和升华	3.6	3.5	3.5	4.1	3.6
		游客衣着打扮、生活方式、道德规范等与当地传统格格不入	2.7	2.8	2.6	2.6	2.6
		道德滑坡现象呈上升趋势	2.5	2.5	2.4	2.7	2.6
	价值观念	发展旅游业就是为了赚钱	3.0	2.9	3.0	3.2	3.1
		只要能赚钱，伪造民俗，制造并出售伪劣手工艺品都行	2.0	1.9	2.0	2.3	1.9
		我很羡慕城里人会花钱	2.5	2.3	2.5	2.4	2.7
		我喜欢赶时髦	2.5	2.6	2.4	2.7	2.7
		经商比种地好	3.4	3.2	3.4	3.5	3.3
	宗教信仰	我们都有宗教信仰	2.8	2.4	2.8	3.1	3.0
		本地的民间信仰现在很盛行	3.1	2.8	3.1	3.3	3.4
		民间信仰可以作为旅游商品开发	2.9	2.5	3.0	3.2	3.2
	审美趣味	城里人让我改变了以前的审美观	3.0	2.9	3.0	3.1	3.1
		对农村来说，美就是乡土味浓	3.4	3.3	3.3	3.7	3.5
	艺术	旅游业复兴了民间艺术和歌舞表演	3.6	3.6	3.5	3.8	3.4
		为满足游客的需求，我们创新了民间艺术和歌舞表演的内容及形式	3.6	3.6	3.6	3.9	3.6
		为游客进行的旅游表演太不真实	2.0	2.3	2.0	1.6	3.6

附录2

游客访谈

（一）章村镇郎村。主题：畲族文化

1. 针对游客的访谈问题：第几次来安吉？感觉如何？为什么？畲族风情浓吗？请说说表现在哪些方面？这里民风淳朴吗？商品化现象浓吗？和你的期望相比，满意吗？

游客访谈1：一对夫妇（34岁和38岁），安吉县城人。

第二次来。第一次是公差，觉得环境很美、很舒适。第二次是专门全家一同趁着"五一"放假到章村玩，主要目的是为了欣赏自然风光、放松心情，让孩子体会自然的美。感觉畲族风情并不浓厚，商品化不浓，总体很平淡。这次旅游很值，与期望值相比差不多。

游客访谈2：中年男子（40多岁），上海人。

第一次来。这次来郎村是从电视看到介绍，也想看看畲族风情，特意邀上几位朋友一同来观赏游玩。觉得民族风情还不够浓厚，总体框架有，布局也不错，但没有注重细节，如桥下有供游客休息的桌子和凳子，但没有把旁边的草拔除。感觉刚起步，慢慢开展起来，只有很少的一些活动，还不够浓厚。希望下次再来时可以看到更多的变化。和期望值差不多。

游客访谈3：中年妇女（40多岁），杭州人。

第一次来。这次郎村之行是通过朋友介绍以及电视广播了解到的，主要是冲着"五一"举办活动特意来的，想看看畲族文化特色，所以带上全家来观看。活动没举办前没有感到任何的民族气息，只感受了畲族人的热情。但看了表演，了解了畲族文化，感觉畲族风情还是浓厚的。这次游玩的体验比我的期望中要好一点，因为环境与文化的结合让我体会了郎村真的很美，下次还会带上几个朋友一块来。

游客访谈4：中年男子（40多岁），杭州人。

第一次来。这次来安吉是朋友介绍的，邀了三家人，带上全家老少来感受畲族文化以及郎村的自然风光，让孩子们看看山水，让他们感受不同文化的差异，总体感觉还好，但也有不足之处。如果今天没有表演，根本就感受不到任何民族气息，当地人缺少一种推广当地文化的意识。游客问当地村民有什么好玩的……村民都说不知道或拒绝回答，这点对游客来说有些不妥。既然要推广本村的民族文化，发展旅游业，为何不好客？虽说刚起步，但也应该培养好客的意识，希望下次来能让我感受到不一样的气息。这次让我感受到了畲族文化原来是这样的，与期望值相差不远，还可以。

游客访谈5：一位老人（70多岁），安吉县城人。

虽说自己也是一个地地道道的安吉人，但郎村还是第一次来，其他景区都去过了，但总体感觉郎村有一种不一样的感觉，拥有一种不一样的民族气氛，通过竹竿跳、品茶、敲鼓、舞蹈让我感受到了畲族文化，感觉还好。需要举办更多的活动，展示更多的畲族文化，让更多的人了解畲族风情。和期望值相比差不多。

游客访谈6：一对情侣（24岁和26岁），杭州人。

第一次来玩，感到很新鲜，环境也美，青山绿水，呼吸着清新的空气，让我们感到了快乐，通过当地村民的表演如抬花轿、跳竹竿舞、敲鼓等，我们感受了不一样的风情，原来看过网上以及电视对畲族文化的介绍，没有亲身体验过，感觉不到那种氛围，但今天亲自面对，感觉与电视上说的不一样，这儿的民族风情挺浓的，人也挺热情的。这次游玩与期望值相比差不多，我们感受到了畲族人的热情，有可能下次还会再来。

2. 针对村民的访谈问题：从事旅游吗？如果是，干旅游多少年了？旅游带来什么变化？如收入是否增加了？文化有没有变化？如果有，变化表现在哪些方面？破坏还是复兴了民族文化？赞同发展旅游吗？你对保护传统文化有何建议？

村民访谈1：青年妇女（35岁）

从事旅游经营，从开始搞"美丽乡村建设"，郎村兴起旅游业，我们这几家就开始从事旅游业。村子帮我们承担了一定的费用进行房屋装修，主要经营餐饮。现在旅游业刚起步，对我们的收入影响并不大，但这样的发展对于我们来说还是有一定好处的。老年人干不动活，平时可以帮帮忙，赚点零用钱。当地旅游业的发展，并没有改变一直流传下来的畲族文化。希望村里的领导带领大家更好地发展旅游业。

村民访谈2：中年妇女（40岁），当地农家乐经营者。

以前是上班的，后来随着旅游业的发展，畲族文化的推广，我选择在家经营，每个月的收入还可以。自己也是一个畲族人，对畲族文化也有一定的了解，当然对于我的经营也有一定好处，游客感兴趣的畲族文化，我可以说给他们听，招徕了不少客人。发展旅游业主要目的是为了让全村人的收入提高，让全村富裕起来，让村集体经济能走在安吉县前列，这样的发展是有必要的。

村民访谈3：老人（70多岁），前妇女主任。不从事旅游经营。

以前作为妇女主任，对全村的收入水平也有一定了解，现在搞畲族文化推广，当然并不单纯为了推广文化，而是借民族文化这块牌子提高当地村民收入。民族文化的推广很大程度上鼓舞了村民的积极性，让无法上山的老人们也可以做些事，赚些零用钱。现在刚起步，取得了一定效果，相信通过努力，我们村里的人都能富起来。不敢提太多意见，因为做不到，只能靠村领导带领大家。

村民访谈4：老人，80多岁。不参加旅游经营。

畲族文化的推广，没有改变畲族传统文化，反而增加了收入，对我们来说是有益的。

村民访谈5：青年（20多岁），畲族人，表演者。

以前我们不太重视也不了解畲族文化，现在旅游业的发展使我们村的经济发展水平位于安吉县前三位，很好地证明了畲族文化带给了我们财富。郎村的自然风光与畲族文化的融合，吸引了大量的游客，使全村的经济收入不断提高。畲族文化的发展展示了畲族人特有的风情，畲族风情没有随着旅游业的发展而改变，反而复兴了快要流失的民族风情。建议小朋友学跳畲族竹竿舞，培养他们的民族意识，使畲族文化一代一代传下去。

村民访谈 6：老人（65 岁）

畲族文化的推广，促进了本村经济发展，全村人的生活水平都提高了。畲族文化的推广主要目的是为了吸引游客，提高收入。现在刚起步，但已给我们村带来了影响，畲族文化一直流传下来，中间略有改变，依着游客的喜好有所变化，但基本不会变。建议从小培养孩子们的民族文化意识，让他们有一定的民族概念，一代一代传下去。

述评：从游客及村民的深度访谈中，我们可以看到，郎村的畲族文化风情挖掘得到了游客和村民的高度认可。对游客来说，可以就近感受身边的少数民族风情，很便利。对村民来说，民族文化为他们获得了经济收入的增长。不足之处在于郎村的畲族文化内涵还挖掘得不够，一是表演时间安排少，仅局限于"三月三"和"五一""十一"、春节前等个别特殊日子，平时没什么安排，只能看看景，显得很平淡，民族风味不够浓厚。二是畲族文化演示活动较少，只是局限于竹竿舞、敲鼓、打年糕等，向游客开放的范围也很小。三是部分村民没有对外宣传民族文化的积极性，原因在于：自己对本族文化了解少，或者是不欢迎游客打搅他们的日常生活。从村民的口中，我们听到的都是畲族文化的挖掘主要是为了发展旅游业，为了赚钱，而意识到本族文化继承和发展的根本目的的村民较少，我们担忧一旦文化只是为了获利而存在，那么这样的文化会不会变味？会不会商品化？同样的案例在全国其他地方每天都在真实地上演着。

（二）昆铜乡上舍村。主题：竹叶龙文化

1. "竹叶龙"省级非遗继承人胡启华访谈

胡启华是浙江省第二届"非遗"继承人。他爱学习、肯钻研，20 岁开始就扎龙灯。他的工作是龙舞文化博物馆的管理员及村里的维修工，每年12000 元收入。作为省"非遗"继承人，每年有 4000 元补贴。另外，周边乡镇、企业经常请他扎龙灯，每条龙收费不一，大的上千，小的几百，他对目前的生活很满意。他的儿子40多岁，没事也跟着学扎龙，但嫌赚钱不多，在工厂里打工。村书记和村党委委员等人也跟着他拜师学艺。他的代表作品除竹叶龙外，还有竹龙，是他根据安吉竹子的特点，发掘竹文化内涵，用竹子全身，从竹鞭、竹根至竹身、竹节及竹丫、竹叶为原材料制作一条纯竹材料的竹龙。曾先后被中央电视台第四套节目《走遍中国》、上海东方台《媒体大搜索》、湖州电视台、湖州晚报等专题报道，2005年还到杭州参加民族民间手工艺博览会作品展览。

据他介绍，竹叶龙来源于老祖宗扎的"化龙灯"，旧社会就有，小时候在山上用竹叶扎龙灯玩。李鹏总理来安吉，题写了"竹之乡"。安吉的竹博物馆馆长想起了昆铜乡有条龙，不过这条龙当年是用布扎的，竹博馆里都是竹做的物品，馆长就提议能不能用竹子扎。还有一个原因是长兴百叶龙来源于他们的"化龙灯"，现在成了国家级的"非遗"，两者很像。为了和百叶龙有所区别，他想起小时候拿竹叶扎龙，就试着扎起来，后来成功了。中央四台也来采访，帮他们推出了竹叶龙。竹叶龙成名后，经常出外表演，一年有十几次。2009年还去了法国。他认为发展旅游业，带来了游客，对竹叶龙的传承发展有好处。

2. "竹叶龙"省级非遗继承人杨牲芳访谈

杨牲芳的祖父是杨九龄，是竹叶龙第一代传承人。竹叶龙的传承是家族式的世代相传、活态传承，直至第三代才打破"不传外姓人"的规矩。胡启华、朱承高便是师承杨榴芳。9岁帮祖父扎龙灯，1956年曾到杭州舞龙，后来停了三十多年，一直到1997年才开始扎龙灯。当时先做一个龙的架子，用布罩一层再画，最后上油漆。扎龙灯的竹子都用5年以上的竹子扎，有韧性。后不断创新，改用钢筋，韧性更足，好表演。竹叶龙由真竹叶变成了塑料叶，因真叶子一天就枯萎了，成本太高，就换成了塑料叶。

述评：我们在安吉上舍村实地和乡村干部、非遗继承人等进行了深度访谈，大家纷纷表示："竹叶龙"的复兴带动了当地旅游业的发展，旅游业的发展使当地政府更关注"竹叶龙"的继承与发展，"竹叶龙"已列为浙江省"非物质文化遗产"，政府在政策扶持、资金资助、品牌塑造等方面给予了大力支持。至于旅游业是否冲击了以"竹叶龙"为主要特色的乡村文化，从村干部到村民都矢口否认。这是一个新兴的乡村旅游地的正常表现，在旅游发展早期，乡村文化受到的冲击很小。但我们还是体验到了微小的变化，例如村子里的古建筑已难觅踪迹，龙舞文化博物馆的现代气息和陈列品的不般配，制作"竹叶龙"的竹叶太失真等。如何防患于未然，保持乡村文化的乡土味，将旅游业的负面影响降到最低，也是龙舞之乡的重要工作。

附录3

学生心得体会

2012年7月1日至7月3日，是我的暑期社会实践记忆。

村民的热情出乎我的意料，在闷热的天气下，他们十分耐心地完成问卷。当地的民风民俗给我留下了深刻的印象。就问卷调查来说，难度最大的应该就是上舍村了，由于外地人较多，我们无法得到很多确切的信息。

总之三个村走下来，我有以下几点感触：第一，村民很热情、很团结。第二，村民对自己所拥有的东西非常重视。第三，乡村旅游刚起步，急需懂旅游的人为他们出谋划策。第四，3天的行程下来，我收获不少，在实践中学习，懂得了更多，很是难忘。

——2011导游7班　陈雨贝

7月1日，我们踏上了去安吉的大巴。郎村，是我们的第一站。那一晚我们住在农家乐，它外面的构造有点像古民居但又不同于这边江南小镇的建筑。在做问卷的时候，我发现当地大多数人都说方言，彼此交流起来有一点困难。白天在家中的大多都是老人和小孩，以他们为调查对象不是很合适。

这3天里，我们一行人都很兴奋，每到一个地区，就马不停蹄地开展调研。给我感受最深的是当地的村民很热情。当然也有些不是很配合，但在当你劝说后，他们还是会帮你填问卷的，这不仅仅增加了自己的自信心，同时也锻炼了与人交际的能力。怎么样去说话，怎么样让人在最短的时间内相信自己，这些都是书本上学不到的。

总之这次社会实践锻炼了自己的胆量和与人沟通的技巧，在交流中让自己的自信心有所提升。人首先要对自己有足够的信任，才能让他人信任，我踏出了第一步！感谢这次社会实践。

——11 导游 5 班　陈佳晴

在这次暑期社会实践中，给我印象最深的就是郎村，不是因为当地浓重的畲族文化，而是在这个地方吃的苦头最多。收集到的意见有些不能反馈，或是在村中约定俗成自己知晓的无声传达中，每个人都有自己评价的一杆天秤。

我喜欢体验人生的种种，边走边访，寻思自己即将遇到的下一位。调查一路，像是在找寻自己想听到的答案，并能融入自己的情感。经历过了才真正成为我们的。不管是一个村舍，一个落脚点，一个路过的风景，记忆中都有欢笑。回忆整个"旅程"，当我们遇到曲折时，有时真的是坚持不下去了，可是转眼一想，这么一点困难都坚持不了，何以谈成功，人生也是如此。

很感谢这次经历，让我学会了成长。

——11 导游 5 班　方亚红

这个暑假，我参加了 3 天的社会实践，这对于我们导游专业的学生来说，受益匪浅。在调查过程中，当地人给我们讲了许多关于当地的特色文化，增长了不少知识。

这次去的是山村，走山路很累，但是我一直咬牙坚持着。在每一次的交谈过程中我都在不断提升自己的交际能力和团队的协作能力，每一秒我都在不断进步，不断增强自己的自信心。

但在这次实践中，也有一些不足：如三天的调研时间比较仓促，不能更深入地了解当地文化；对于调查问卷，有些问题或许可以改进，问题的设计和表述应该更直白明了。此外，自己的口语表达能力还需再提升。

——11 导游 3 班　徐宇莹

对于大学生而言，在学校里学习的理论知识只有参加实践活动时才能得

149

到充分的应用，才能增加自己的实践经验。所以我好好地把握了这次机会，把课堂所学运用到实践活动中去。

七月一号这一天，我们一行十一人在浙江安吉县开展了为期三天的暑期社会实践活动。在这三天里我们一共走访了四个村镇，深入调查了当地的风土人情和人文地理，感受其浓厚的乡村气息。我们调查的是"旅游对于乡村发展的影响"，所以在这一方面我们感受得更多。

每一次小小的受挫，都会使我更加强大；每一次的问卷调查都在不断地拓宽我的知识面；每一次的讨论都让我不断地延展我的思维。每天都在成长，每天都在学习，这一次的实践，值得拥有。

——11 导游 3 班　敖玙璠

2012 年夏天的这个暑假不会太枯燥。我参加了暑期实践活动，这次实践给我带来了很多收获。

1. 要做好一件事，必须得事先就有所准备、有所安排。这一次的行程都是我安排的，这大大提升了我的能力。这是在书本上学不到的。

2. 一个团队最重要的就是合作共进。一个人可能只看到一件事物的一面，而每个人又都有自己不同的想法，所以，如果把一个团队的人对事物的看法聚集起来，那该是多么的丰富啊，你会听到让你意外的想法。

3. 当代大学生要善于沟通交流，待人热情友好。在调查过程中，热情友好地向村民们问候，主动礼貌地向当地村民问询。同时，也应该尊重他们当地的一些风俗习惯，这样才会更好地继续下去。

4. 不怕苦不怕累，微笑礼貌面对他人拒绝，坚持到底直至成功。调查的过程中，难免会遭遇到他人的拒绝排斥，学习礼貌耐心地向他们解释或微笑。在生活、学习、工作中，都会遇到被拒绝的情况，不要埋怨别人，学会感恩知足。

这就是我这次暑期社会实践的心得，在实践中我感受到了每个地方不同的风俗、风情、风景，各个地方的居民他们热情对待生活的态度，也学习到了很多在课本、课堂上没有的知识。我们要勇敢走出去，去尝试、去实践，才会有意想不到的收获。

——11 导游 3 班　汪泽娟

　　7 月 1 日早上，我们一行人从学校出发到达了第一个调查地点——章村镇郎村。中午吃完饭我们就开始到村民家中调查，和他们交谈，了解他们的风俗习惯。第一天的调查直到晚上 9 点左右才结束。第二天跑的地方有点多，一路上调查不同地区的当地居民。第三天我们步行去了上舍村的邻村进行调查，效果不是很好，村民没有前几个村子那么热情，不过我却从来没有气馁。

　　调研结束后，我负责的是数据分析。这项工作让我更加耐心细致。这一次行程，我看到了从未见过的山间美景，感受到了平常不能体验的山间生活。安吉的大竹海，郎村热情朴实的村民，弯弯曲曲的山间小马路都给我留下了深刻的印象。

——11 导游 5 班　曹嫣娜

　　7 月 1 日，我们开始了暑期社会实践。前往安吉山村的道路给我留下了深刻的印象：真是山路十八弯啊！最窄处只能过一辆车，最弯处竟然有接近 360 度。我们去的第一站就是朗村，那里有少数民族畲族。最开始接受我问卷调查的对象是两个高中生，她们很热情，让我不再那么紧张了。这预示着一个好的开始。一天的调查结束后，晚上团队在一起讨论调查问卷，发现调查对象最小的只有八岁，最老的有九十几岁。第二天，我们去了尚书垓，那里的村干部接待了我们，还给我们当了一回导游，感觉很不错。下午我们去了以"舞龙文化"闻名的上舍村，感受了当地的舞龙文化，很独特的一种地域文化。整个过程，我真的很快乐，感谢这次社会实践。

——11 导游 5 班　李慧君

　　7 月，炎炎夏日。我们一行 11 人动身前往安吉。没有渴望中的舒适，也没有想象中的辛苦，但对于我来说，却是永生难忘的。

151

　　调查中我发现其实村民们对于村里的一些问题很有见地，比如说上郎村村民对于村里交通就有自己独到的见解。我也发现有时两人合作完成得会比较好，有时一个人又比较有效率，而我们作为一个团队，互帮互助很重要。做问卷的时候也需要技巧，比如问一个问题就可以在交谈过程中引出好几个问题，这不仅仅锻炼了我们与人交流能力，也训练了我们的逻辑思维。

　　在这次的实践中，我们每个人都很努力，特别是当我们分享成果的时候，有喜悦也有暗暗较劲。我们挥霍了汗水，我们也收获了快乐。

——11 导游 5 班　邵妙

　　3 天 2 夜，每一天对于我来说都是崭新的。每一个人的回答都在让你在一步一步走进一个村庄，走进一个地区的文化，去感受当地的乡土。

　　在畲乡，我最大的感受就是要发展乡村旅游，一定要好好开发旅游资源，不仅要加强乡村旅游硬件设施，更要深入挖掘乡村的文化内涵。在我们调研的尚书垅村，这里为了开发旅游业虚构了一些文化景点，其实我个人感觉如果把它做成一个单纯的教育农庄基地会更好。第三天我们来到了舞龙的故乡，这里又是另一种风情，让我们感受了另一种文化。短短 3 天很快结束了，我们学会了如何不被拒绝、如何提高效率、如何进行交流……真是学到了很多很多。

——11 导游 5 班　罗炜林

萧山区家风家训建设现状调查及对策研究
（2016年）

一、问题缘起

"家风，亦称门风，是一个家庭或家族多年来形成的传统风气、风格和风尚，表征和反映着一个家庭或家族的生活方式、情感态度、文化氛围、精神品质、价值观念、人生信仰等，并成为家族成员共同的文化基因和价值共识，建构的是一个家族成员共有的精神家园。"[1]家训有广义和狭义之分，"广义的家训是一定家族内部所有家庭都必须共同遵守的律则。狭义的家训是单独家庭对其成员所指定的规约。"[2]家风是道德观念，统领家训，它要依赖家训这种有形的规约来体现和践履。两者相辅相成，在日常生活中，人们经常并用。

中国传统家风家训文化产生于家国同构的社会结构和宗法制的家庭结构，起着和家、固国的重要作用，历来被统治阶级所重视。出于对子孙后代绵延家族的期望，中国古人不仅重家训，育家风，还以书面形式记录下来供子孙学习参照，其中最为知名的有：周公的《诫伯禽书》、司马谈的《命子迁》、诸葛亮的《诫子书》、颜之推的《颜氏家训》等。

现代社会，家风家训文化的内在动力机制已不复存在，我们重提家风家训还有意义吗？朱贻庭教授认为"追求家庭的和睦、富裕、安定、幸福的价值和理念，正是现代家训文化建设之所以可能的内在动力和基本依据。"[3]党的十八大报告强调："建设优秀传统文化传承体系，弘扬中华优秀传统文化"。家风家训是中国传统文化的组成部分，家庭是国家的细胞，国家是千万小家融会而成。家风家训作为社会产物，时代特征总会赋予家风家训以新的意蕴，家风在一定程度上影响着社风民风乃至党风政风。

习近平总书记在 2015 年春节团拜会上指出，"不论时代发生多大变化，不论生活格局发生多大变化，我们都要重视家庭建设，注重家庭、注重家教、注重家风，紧密结合培育和弘扬社会主义核心价值观。"近年来，好家风作为社会主义核心价值观的具体抓手，在全国各个地方如火如荼地开展起来。萧山区自 2015 年底起，开展了一系列的家风家训建设活动。2015 年 11 月，楼塔镇妇联依托基层"妇女之家"、文化礼堂，以"访、写、比、诵"四举措，组织开展家风家训宣讲活动。2016 年 3 月，党湾一小师生听冯汉汤爷爷讲述美德乡风故事，揭开了该镇"弘扬美德助力 G20，寻访身边的好家风家训"活动的序幕。[4]

为了解萧山区老百姓家风家训建设现状，总结经验、发现不足。2016 年 6 月 29 日到 7 月 5 日，我们在宁围镇、某村、某村①、人民广场开展了抽样调查。在空间区域上该调查涵盖了萧山区的城南、城市中心和城北，同时兼顾到了城区与乡村。

二、研究数据与分析

本次调查共发放问卷 400 份，其中有效问卷 350 份，有效率为 87.5%。

（一）基本情况分析

调查对象在年龄构成上较合理，覆盖了老、中、青各个年龄段，其中 17 岁以下为 42 人，18 岁到 40 岁为 198 人，41 岁到 65 岁为 96 人，66 岁以上为 14 人。

调查对象的职业构成较全面，其中农民占 18.1%，政府机关工作人员占 2.7%，企业工作人员占 14.3%，进城务工人员占 8.5%，学生占 36.7%，事业单位工作人员占 19.7%，各职业基本涵盖，问卷数据具有代表性。

---

① 为了尊重当事人，本文涉及的两个村子皆用字母表示。

在学历一项中，小学程度4.6%，初中7.4%，高中38.3%，大专30%，本科及以上19.7%。大专及本科约占一半，高中学历比例也较大。萧山区老百姓受教育水平较高，这为家风家训传承提供了文化土壤。

（二）家风家训建设现状分析

家风家训建设效果主要由以下几个因素决定：老百姓对家风家训建设活动的认知度、认可度、参与度等，故我们的问卷设计主要围绕着这几个方面开展。

1. 大部分萧山老百姓对家风家训有一定了解

当问及调查对象是否了解家风家训时，48%表示有，40%表示偶尔，没有只占12%。可见大多数长辈比较重视用家风家训来规范子女教育。在进一步交流中，大部分人能说出一、两条家风家训。

"对长辈是否重视家风家训教育"问题，10%的人认为长辈非常重视家风家训教育，44%的人认为重视，认为一般的占36%，不重视占10%。可见，萧山区家风家训在家庭文化中仍占有一席之地。

2. 家风家训对个人成长具有深远影响

在老百姓的心目中，家风家训对一个人的成长有何影响？16%的人认为影响很大，69%的人认为影响大，9%的人认为影响不大，只有6%的人认为没有影响。这种影响首先建立在认同的基础上，13%的人表示非常认同自己的家风家训，73%表示认同，13%不太认同，1%不认同。可见，萧山区老百姓比较认同家风家训，家风家训对个人的道德养成极具影响力。

具体而言，萧山区老百姓认为家风家训在提升个人品德、营造良好家庭教育、增进家庭和睦、维护社会和谐等方面具有突出作用，这四项的比例基本相同。这也反映出家庭是沟通个人和社会的桥梁，良好的家庭氛围既有利于个人成长，也有助于社会和谐。家风家训不仅是家庭道德教育的主要形式，它也承担着社会道德教育的功能。

3. 老百姓对萧山区的家风家训建设活动普遍不了解

尽管萧山区政府开展了多项活动，但是老百姓对萧山区的家风家训建设活动了解不多。55%的人不知道萧山区正在开展家风家训建设活动，29%的人表示知道一点，清楚了解的只占16%。在和萧山区政府工作人员的访谈中，我们得知这项活动得到了学校和个别村镇的积极响应，如区政府所在地城厢镇、某村等，有比较明显的地域性。

调查数据显示，65%的人通过广播电视与手机短信知道这个活动，通过网络平台、微信及微博了解的人仅占16%。在互联网与移动传媒成为人们获取信息主要平台的情况下，政府部门的宣传方式仍依靠传统媒体，这样势必造成传播效率低下、效果不显著。政府部门工作人员需改变观念，了解时代发展趋势，建设好、利用好网络社交平台与微信、微博等。

4. 绝大部分老百姓愿意参加家风家训建设活动

对于"是否愿意参加家风家训建设活动"，5%的人表示非常愿意，65%的人表示愿意，4%的人表示不太愿意，26%的人表示不愿意。值得注意的是，表示不愿意的人主要是工作太忙，其中以民营企业工作人员居多。萧山民营企业众多，其中多数人所在企业属于劳动密集型小企业，如制伞厂、小五金加工厂等。竞争压力和繁忙的工作牵制了他们全部身心，没有时间和精力投入家风家训建设。可见萧山区老百姓对于参加家风家训建设有较强的意识。多数老百姓在家庭竞争中意识到，越是重视家庭教育，家庭越和谐，子女越出色。家庭教育注重德智体全面发展，故提倡家风家训教育正逢其时。

5. 老百姓比较赞同常规的家风家训建设措施

老百姓在选择家风家训建设措施时，30%的人选了家风家训征集活动，19%的人选择把"家风家训"纳入乡规民约/单位规章，选择典型示范的占16%，选择建设"家风家训"传承基地的占12%，选择新闻媒体导向的占24%，其他占1.7%。老百姓普遍接受常规的、集中式的家风家训建设措施，对长期性的措施如基地建设等兴趣不大。

三、萧山区家风家训建设的成功经验

萧山区家风家训建设活动自2016年2月份开展以来，历时大半年时间，虽时间短，但初见成效。

（一）政、校、企、村社联动机制初步形成

萧山区家风家训建设活动由区政府组织培育，辖区内的党政机关、学校、企业、村社等配合开展活动。在区政府的推动下，全区一盘棋，通过征集、宣传、践行等三个步骤，以层层联动的形式在全区老百姓中开展活动。家风家训建设活动还和党风政风、校风班风、企业文化、乡风民风建设等结合起来，相互影响、相互促进。

（二）群众基础好

调查中，我们发现86%的萧山老百姓认同自己的家风家训，85%的人认为家风家训对自己影响深远，70%的人愿意参与家风家训建设活动。这和萧山区发展经济的同时，注重精神文明建设是分不开的。自2008年，萧山区在全国首创美德档案体系。从2010年开始连续多年开展"美德标兵"评选活动，截至2015年，共评选表彰"美德标兵"45位，涵盖"助人为乐""见义勇为""诚实守信""敬业奉献""孝老爱亲""自强不息"等多个类别。并在区镇村三级设立美德档案展示馆，向全社会传递正能量。

（三）基地建设全

为了将家风家训建设落到实处，萧山区通过整合各类资源，建立了区级和基层单位的家风家训传承基地。主要有：依托原有的美德档案展示馆，展示好家风好家训；建立了朱凤标廉政家风家训教育基地；在学校、企业和乡村都有家风家训传承基地。家风家训基地建设覆盖了城市和乡村，实现了城乡无差别发展，发挥着展示、教育和传承三大功能。家风家训基地建设在一定程度上可以保证家风家训建设的连续性，让老百姓在家门口就能了解好家风好家训，受到启发，继而重视自己的家庭教育。

（四）借力大学生村官

某村和某村的家风家训建设颇有成效，得力于两位大学生村官。某村的团委书记何某毕业于某大学市场营销专业，因为大学生村官可以解决就业问题，也是自己的兴趣所在，就报考了。他觉得农村工作锻炼人，但比较琐碎，但"沉下心好好做，总能做好"。在领导的支持下，他参与了村里的"文化礼堂"建设，帮着村里的"美德人物"提炼出模范事迹，举办了传统礼仪活动（端午节粽子、重阳节敬老活动）、文艺晚会、孩子们的寒暑期社会实践等活动。

某村的大学生村官金某毕业于某大学外贸专业，本村人，为了照顾家庭，她选择了这个岗位。她希望每个村里人都知道家风，并把它传承下去。她说家风家训就是把祖宗留下的做人道理、日常习惯提炼成精神层面的要求。为此，她积极参与了村里的家风家训活动，主要包括家风征集活动、"文化礼堂"建设、"春泥计划""道德模范"评选、七龄童开蒙仪式、吴氏宗族续谱圆谱庆典、"最美庭院"评比等。金某还把近年来每次活动的详情进行了整理归档，并配有图片、表格等，一目了然。

大学生村官年轻有抱负，他们为村务管理工作输送了新鲜血液。因为年轻，他们对新生事物特别敏感，善于捕捉先机。大学生村官大多来自农村，和村民有着天然的联系，了解群众喜怒哀乐，工作的方式方法也容易得到村民的支持。

四、存在问题解析

家风家训建设毕竟是个新事物，萧山区在探索过程中，还存在着一些问题，这些问题既有工作方式上的，也有客观条件所造成的。这些问题在一定程度上影响了萧山区的家风家训建设效果。

（一）萧山区的家风家训建设主要是自上而下的运动

新旧农村在家风家训建设方面要求不一，造成人心不齐。在我们走访某村新区时，发现每户家庭大门右上方都有一块刻着家风家训的铭牌。当地的家风家训建设和"新农村"建设是配套进行的，"新农村"建设时间上有先后，目前只有两块集中建房的区块被列为"新农村"建设项目，其他都属于旧农村。旧农村的房子零散地分布在不同地方，没有统一规划，房门上也没有铭牌。在调查过程中，不少老百姓对此有想法，认为村里领导偏心，人为地给新旧农村划了线。他们还表示既然是旧农村，家风家训建设和自己没有任何关系。

村民对统一规划的家风家训认可度不高。在实地调查中，我们仔细研究了某村的家风家训，发现不少家庭的家风家训竟然一模一样。原来为了推进家风家训建设，迫切需要提炼出各家各户的家风家训。这样工作量相当大，加上不少家庭文化水平有限，没有家风家训传世，所以提炼家风家训的工作改由镇政府统一谋划。当地政府召集了专家学者和村民代表一起讨论，共整理出50条具有传承和创新特色的家风家训。各家各户商量后选一条作为自家的家风家训。这些家风家训受欢迎程度不一，最受村民追捧的有十条，因此不少村民的家风家训一个样。我们知道家风家训说的是做人做事的道理，但每一个家庭的侧重点不同，说法也不同，姹紫嫣红，各具特色。如此一来，强调了共性，少了个性。外人看多了，就发现有点假，这不能不说是一个遗憾。村民对这些旁人整理出来的家风家训，认可度并不高。文化虽然需要一定的物质载体，但更多的还是精神熏陶，不是简单地将口号贴在家门口就会成为家风家训。要提高村民的认同度，还需要经历漫长岁月，通过耳濡目染和知行合一来完成这个转换过程。

农村文化精英的作用没有发挥出来。某村有一位退休教师李老师，他负责管理李氏宗祠和某革命历史纪念馆，其子是一位油画家，在纪念馆里我们看到了其子的两幅油画作品。李老师对宗祠和纪念馆的细枝末节都非常熟悉，充满了感情，给我们介绍时滔滔不绝，因为有这位老人的陪同，某村给我们留下了深刻印象。但多数村子没有激励文化精英的机制，埋没了这些文化精英。

（二）忽视了萧山区民营企业家在家风家训建设中的带头作用

萧山民营企业众多，据全国工商联发布的"2016 中国民营企业 500 强榜单"，萧山民企就占据了 18 个名额，中小民企更是多不胜数。媒体和老百姓关注的多是企业家成功的创业经验，企业家也乐于和大家分享企业经营之道，至于意识形态层面的家风家训却少有披露。每个成功的企业家都和良好的家庭教育分不开，家风家训才是企业经营的根基，长期以来，我们一直忽略了这方面精神财富的挖掘。

企业家的言传身教有着巨大的感召力，不仅影响他的子女，也能影响他的员工。如阿里巴巴马云热衷慈善公益事业，鼓励员工每年从事一定时间的志愿服务，"最美妈妈"吴菊萍就是这种企业文化浸染下造就的道德模范。

民营小企业精力主要多放在经营上，没有时间和精力参与家风家训建设，对企业的发展和子女的教育没有长远规划，也限制了企业的发展势头，成长为大中企业的机会明显偏少。

（三）家风家训建设的根基不稳

从家庭结构看，农村里留守的多是老人、儿童，呈现空心化趋势。在走访中，我们发现农村留下的多是老人和儿童。祖辈对孙辈主要照顾其生活起居，至于家庭教育多是心有余而力不足，一是本人文化水平有限；二是溺爱孙辈，管教方法不科学。除此以外，城乡的家庭规模不断缩小，家庭结构趋于单一化，最为普遍的是核心家庭。古代家风家训在亲戚相处方面着墨颇多，中国的生育政策造成亲戚大量减少，这对认识和传承家风家训都有潜在影响。

从家庭关系看，因观念不一导致的代际矛盾激化。在中国传统社会，"三纲五常"是个人在国家和家庭与他人相处的律令，在家讲究对长辈的绝对服从。加上家庭相对封闭，家风家训更容易被家族和家庭成员认可。现代社会是一个多元开放的社会，家庭也随之开放，社会上的不同观念和多元的信息对家庭成员关系冲击很大。父母和子女成长的环境不同，对同样的事情会持有不同的观点，家风家训在传承性和认可度方面会有所减弱。除此以外，婚姻关系、家庭财产、父母赡养、子女教育等多重矛盾也冲击着本该稳固的家庭。

凝聚成文的家训以及家庭成员能诉说出来的家风，只是家风家训的表象，家风家训产生的前提是"家"，如果家庭不稳，何来家风家训。

五、解决方案

针对以上存在的种种问题，我们应抓住重点，在家风家训建设的起步阶段就群策群力解决问题，为家风家训建设的后续发展提供强有力的保障。

（一）以老百姓"自下而上"之力夯实家风家训建设

正确理解新农村建设的内涵，新农村建设的本质是让农村、农民、农业得到无差别发展，家风家训建设理应涵盖新旧农村，新农村不是房子新，而是处处体现着文明新风尚，家风家训建设作为其主要的内涵建设，只要村民欢迎，就要做到一家也不能少。

家风家训的提炼是一个费时费力的过程，不能因为难度大，就剥夺村民的发言权。我们可以组织大学生村官、大学生、村干部、乡贤及专家学者帮助村民一起挖掘，但不要越俎代庖。让村民主动参与提炼过程，增强他们对家风家训的认同感。

建立完善的人才机制，发挥农村文化精英的作用。"农村文化精英就是一定农村社区范围内在教育、人际交往技巧、习惯、态度、语言风格、性情和道德、品位和生活方式等方面具有相对优势地位的社区成员。"[5] 新中国成立后，国家政权对乡村政权的控制在一定程度上削弱了精英在农村社会的势力。在市场经济条件下，经济精英凭借着资本优势发家致富，并带动村民改变落后面貌，他们重新取得了农村事务管理的主动权。而农村文化精英却因农村文化的衰落而退位。因此，家风家训建设说到底也是乡村文化复兴的一个契机。我们首先要尊重乡村文化的"传道者"——农村文化精英，不以经济实力论英雄，提高农村文化精英在村民心目中的地位。其次要礼贤下士。聘请农村文化精英负责家风家训建设项目，放手让他们在家风家训提炼、征集、宣传、实践等方面发挥作用。在文化礼堂建设、宗祠管理、家风家训教育传承基地等大胆启用农村文化精英。开发农村文化精英的人脉资源，共同出谋划策。第三，吸引出外的文化精英回村反哺家乡。除了用好村里的文化精英，还需要对出外工作的文化精英进行摸底调查，邀请他们定期回乡，为家乡的文化建设献言献策。利用家乡的美景、美食和淳朴的民风吸引退休的知识分子回乡，为他们参与村文化建设提供平台和渠道。

（二）发挥民营企业作用，在企业文化中融入家风家训

正如《财富》杂志指出的那样，世界500强胜出其他公司的根本原因，就在于这些公司善于给他们的企业文化注入活力。企业文化现已成为企业的一张名片，不少企业有自己的企业价值观，有的企业还有传播企业文化的载体—企业报、企业微信群等。

企业文化也有一个不断更新的过程，目前，家风家训建设开辟了时代新风尚，我们可以在企业文化中融入家风家训。一方面，家风家训建设将企业"以人为本"的理念落到了实处，关心员工，了解员工的家庭背景和生活表现，能找到激励员工的新契机。另一方面，企业文化强调家风家训，可以培养员工的忠诚感和敬业感，从而促进企业的可持续发展。

在家风家训建设过程中，企业家首先要起模范带头作用。"作为民营企业家，必须要有高尚的道德品质，才能激励员工形成高度一致的价值观念和共同愿景。"[6]企业家要抛弃旧有的理念，以金钱作为衡量个人成功的唯一标准已不再流行，精神财富如家风家训等才是能经历风雨的宝贵财产。企业家个人的成功离不开先人的教诲，可以静下心来深入挖掘家族、家庭发展过程中形成的家风家训，并整理出来与企业员工共享。其次，在企业奖惩制度中，对践行家风家训有突出表现者进行精神和物质奖励，可以营造互比互学的企业文化氛围。

（三）打好家风家训建设的根基

人们遗忘家风家训，从侧面说明"家"的概念在淡化，过快的生活节奏冲击着传统观念。号召人们回归家庭，以家庭为纽带密切家庭成员的关系，可以成为家风家训建设的新突破口。家庭是家风家训赖以存在的根基，家庭成员间的情感交融是家风家训得以延续的基础，"亲子间的交互影响在日常家庭生活中长期存在，耳濡目染，潜移默化，在此过程中，家庭成员会经历触及内心世界的深刻的道德体验，从而促进个体的道德建构。"[7]正如习近平总书记在会见第一届全国文明家庭代表时的讲话中所说的那样，"家庭不只是人们身体的住处，更是人们心灵的归宿。家风好，就能家道兴盛、和顺美满；家风差，难免殃及子孙、贻害社会……"。

首先，我们要营造温馨的家庭氛围。现代社会是一个民主、开放的社会，在家庭关系中，父母、配偶和子女间地位平等，相互尊重，通过协商达成共识是每个和谐家庭的共同特点。让家成为每个人可以依靠的港湾。

其次，长辈应言传身教。家长的身体力行是家风家训能代代传承的法宝，不管在什么条件下，家长要求子女做到的首先自己要做到。子女从小到大接受家长的示范作用，要胜过纯粹的口头教育百倍，这种影响润物细无声，能浸入孩子的骨子里。

第三，根据时代发展要求，不断创新，对祖辈传下的家风家训取其精华，弃其糟粕。把符合时代精神、体现社会主义核心价值观的新内容揉和进来。萧山的某村的李氏家训，就是一个创新的典范。如家训的第五条"信科学，精技艺"；第六条"敬事业，人贵在立业"；第八条"远毒品，忌酗酒，毒品乃万恶之源。"都是在传统家训的基础上补充的新戒令。

古人云："仓廪实而知礼节"。萧山区丰实的经济基础，加上老百姓受教育程度普遍较高，精神文明建设又有根基，都为家风家训建设活动提供了有力的保障。只要咬住青山不放松，不做表面文章，让家风家训建设活动落到实处，打破老百姓疑虑，充分发挥每个群体的作用，萧山区的家风家训建设就一定能取得实质性的进展。

参考文献：

[1] 王泽应. 中华家风的核心是塑造、培育与树立正确的价值观 [J]. 上海师范大学学报（哲学社会科学版），2015（4）：5–11.

[2] 周俊武. 论中国传统家庭伦理文化的逻辑进路 [J]. 伦理学研究，2012（6）：75–80.

[3] 朱贻庭. 家训家风与文化传承 [N]. 文汇报，2014–10–13：11 版.

[4] http://www.xiaoshan.gov.cn/.

[5] 胡杨著. 精英与资本 [M]. 北京：中国社会科学出版社，2009：35.

[6] 颜节礼，朱晋伟. 当前民营企业文化建设瓶颈与推进路径 [J]. 商业经济与管理，2013（9）：19–26.

[7] 洪明. 简析家训在当代社会建设中的道德教育功能 [J]. 天津社会科学，2010（4）：140–142.

附　录

学生心得体会

　　今年暑假，我们跟着老师参加了"萧山区家风家训建设现状调查及对策研究"。我们走访了三个地方：分别是昇光村、岩峰村以及北干街道。选择这些地方，并不是出于一时的冲动，而是有根有据的。我们在之前花了一个下午的时间采访了萧山区文明办的王老师，他认真地和我们交流了萧山区家风家训建设活动的现状，其中有一个亮点就是"好家风家训"征集活动，这个活动引起了很大的社会反响。参与活动的人涵盖了各年龄段，下至幼儿园的小朋友，上至花甲的老爷爷老奶奶，他们都积极地参加了这个活动。这些家风家训的主题词有"孝""礼""净""诚信""勤俭""踏实""担当"……王老师给我们介绍了家风家训建设活动开展不错的村庄，这些村子都有一个共同特点：村里来了大学生村官。

　　第一天，我们去了岩峰村，他们每家门前都有一条属于自己的家风家训，彰显了各家各户的特点。我们入户开展问卷调查，对当地的村民进行了访谈，感受到了当地人的民风民俗。晚上我们在北干街道开展了问卷调查。第二天，我们去了昇光村，村民很积极地配合我们调查，我们也收获颇丰。一个星期的社会实践就这样过去了，统计结果显示，萧山区老百姓都愿意参加家风家训建设活动，这体现了大家对家风家训的重视。

　　　　　　　　　　　　　　　　　　——15 电商 1 班　王斌洋

　　为期一个礼拜的暑期实践活动—"萧山区家风家训建设调查活动"终于圆满结束。

　　大家从设计问卷、预调查、正式调查和访谈都做出了很多努力，但个人觉得难度最大的还是抽样调查这个环节。因为大家要出去到处跑，还要有心理承受能力——面对那些置之不理的人还是蛮尴尬的。

　　何为"家风家训"？"家风"通俗易懂就是一个家庭的风气和作风。"家训"是一个家庭的祖辈们传下来的戒律和规章，是家庭成员们所要共同遵守的，有一定的提醒和监督作用。良好的家风家训能让一个家庭成员更好地相处和成长，起着很重要的作用。家风家训是我们中华传统文化的组成部分，对家庭和社会都有一定作用。因此，开展家风家训建设活动很有必要。

　　我们设计的问卷既通俗易懂，又紧扣调查主题。从调查结果来看，绝大多数人都非常重视家风家训建设，认为对自己的成长有非常大的影响，对家庭和谐、社会稳定都有积极作用。

　　我们的调查地点选定为萧山区的岩峰村、申光村、北干街道和市中心等。其中第一个目的地就是岩峰村。这里开展"新农村"不久，约有108户人家。走进岩峰村，首先看到的是"神灵毓秀、青龙福地"八个大字，这是当地的响亮招牌。村委会旁边的文化长廊让我们感受到不一样的味道。岩峰村的最大特色是每两户家庭的房子是连在一起的，中间没有隔离区，体现了邻里之间和睦相处的氛围。每户家庭大门右上方都有一块属于自己的门牌，上面写着家风家训，这样做的目的是为了时刻提醒、激励自己。

　　期间我们也采访了这里的大学生村官——何书记。他说这里的家风家训核心是"讲文明、和睦相处"等。岩峰村的新农村建设开展了一个多月，村民们都相当配合。何书记说他们准备开展更多的活动，吸引大家来参加。

　　调查对象提到最多的家风家训是："百善孝为先""诚实做人""和睦相处"等。确实，这些都是中华民族的传统美德，要继续传承下去。好的家风家训确实能够激励我们，这是祖辈们对我们的希望和鞭策，我们要铭记在心。希望优良的家风家训一直传承下去，发扬光大。

——15 导游 6 班　金淑婷

　　经过这次暑期社会实践，我对家风家训有了初步了解。家风家训建设是社会建设必不可少的部分。因为萧山是沙地文化，没有强大的家族根基，家风家训建设的基础较弱。

我们首先走访了岩峰村，他们每户家门口都有家风家训的门牌，村民以此来规范自己。这个村也有不足的地方，比如家风家训建设只针对新农村建设，在旧农村没有开展此项活动。除此之外，我们还去了昇光村和虎头村。昇光村有着丰富的家族文化底蕴，一个家族有四十几号人。其次，我们还在萧山区的旺角广场等地方进行了问卷调查。经过汇总，我们发现萧山区政府开展的家风家训建设活动的普及度不是很广，大部分人都不知道这项活动。

通过本次活动，我懂得了团队的重要性。我们分工明确，互相帮助，在同一个屋檐下躲雨，一起晒太阳，一起调查。没有这个团队，就没有我们胜利的果实。

——15 电商 1 班　何昌明

2016 年 6 月 28 日，随着暑期到来，我们开展了社会实践活动——"萧山区老百姓家风家训建设现状调查及对策研究"。通过老师提供的萧山家风家训建设的材料，我们对此次课题有了一定的前期了解。

首先，我们一行人采访了萧山区政府文明办的负责人。通过家风家训建设项目负责人王小青老师的介绍，我们大致了解了萧山区家风家训建设的现状，了解到萧山正在开展"我的家风家训"征文活动，不同年龄、不同职业的萧山老百姓参与其中，活动征集来的家风家训各具特色。我们还了解到家风家训建设活动开展比较好的几个村子和城区。从文明办出来，我们参观了道德模范展示馆，里面有专业的讲解员为我们讲解每一位道德模范的事迹，还有各种小宣传册和扇子供大家拿取。

回到学校，我们根据了解的情况和手头的资料，开始了调查问卷的设计讨论，最终确定了两个版本。为了保证问卷的科学性，我们到学校附近的二桥村进行了预调查，经过修改后定稿。

在后面的调查中，我们分别去了岩峰村和昇光村。其中最令我印象深刻的就是家家户户门口的家风家训标牌和道德模范展示区，这无疑是对村民最好的潜移默化式教育。此外，我们还对大学生村官及村民进行了访谈，了解了村里家风家训建设活动的开展情况。

最后一天，我们来到了萧山区人流量较大的一个地区——旺角城，进行了问卷调查。

2016 年 7 月 5 日，我们结束了此次暑期社会实践，但是我们的工作还没有结束，要对调查结果进行分析，并撰写调查报告。经过一个星期的实践，我们学会了团结合作，学会了积极配合，同时也了解了家风家训的重要性，这成为我人生最宝贵的财富。

——15 导游 5 班 闻旭娜

经历了将近一周的社会实践，我感慨颇多：进了城，下了乡；采访了领导，贴近了群众；上接天线，下接地气。我们也见到了社会的真实一面，社会实践活动给生活在都市象牙塔中的大学生们提供了广泛接触社会、了解社会的机会，让我们学会了"从群众中来，到群众中去"。

通过这次社会实践，我认为以下四点非常重要。第一，在社会上要善于与别人沟通。经过这几天的访谈调查，我接触了很多的人。如何与别人沟通好是一门技术活，在学校沟通和在社会上有所区别，比如请村民填写调查问卷时，年纪和方言就是最大的障碍。首先我们要学会倾听，他们总是会从家里的大大小小事情讲起。其次，要学会挖掘和调查问卷有关的信息。第二，和他人交流要克服自己的胆怯心理。我们要求路人帮忙填写调查问卷时，经常被无数次拒绝。白眼、不信任感时刻在考验着我们。队员们之间互相鼓励，克服内心的恐惧。当你克服心理的障碍，一切都变得容易解决了。有勇气面对是关键。第三，学会合作分工。在岩峰村调查时，因为大家没有分工，那天下午的效率不高，晚上大家一起开会讨论问题所在。最后讨论出了兵分两路的好办法。走过每一条弯路，都是为了找到捷径。第二天我们的效率就提高了不少。第四，上接天线，下接地气。我们准备前期资料和问卷花了三天时间。第一次走出校门采访萧山区文明办王小青老师，得到很多信息，整个采访过程非常愉快而又轻松。深深记得王老师说的"上接天线，下接地气"社会工作真理，即要将国家政策以通俗的言语传达给人民群众。当我们询问调查对象的家风家训时，经常会碰壁，村民都说没有。于是，我们就通俗一点，直接问家里有没有一些规矩，比如站有站相、坐有坐相，为人处事的道理等。经商的人说得比较多的是"诚信为本"；劳动人民说得多的是"脚踏实地"；知识分子说得多的是"知识改变命运"。以这种通俗解释，我们和老百姓就说到了一起。

大学是一个教育我、培养我、磨练我的圣地，我为我能在此生活而倍感荣幸。社会是一个很好的锻炼基地，能将学校学的知识运用到实践中。实践是学生接触社会、了解社会、服务社会的最好途径，实现了从理论到实践再到理论的飞跃，也让我们提高了认识问题、分析问题、解决问题的能力。第一次参加社会实践收获很多，认识了一群好朋友、好老师，学会了合作，懂得了配合。我们从中学到了很多书本上学不到的东西，汲取了丰富的营养，理解了"从群众中来，到群众中去"的真正含义，认识到只有到实践中去、到基层去，把个人的命运同社会、同国家的命运联系起来，才是大学生成长成才的正确之路。

——15 导游 2 班　李琳琳

今年暑假，我为自己的人生经历添上了浓墨重彩的一笔。在社科部老师的带领下，我们开始了将近一周的暑期社会实践，对萧山区的家风家训建设活动做了专题社会调查研究。在这过程中，我感受到了一个个家庭对美德传统的弘扬，收获颇丰。

"千里之行，始于足下。"6 月 29 日，我们在老师的带领下去了萧山区政府文明办。文明办主任王老师热情地招待了我们，给我们介绍了萧山区政府开展的家风家训建设活动的基本情况。在仔细阅读了萧山区各界群众写的家风家训的文章后，我不禁感慨万千，一个好的家风家训能对后代产生如此深远的影响。之后，王老师向我们推荐了家风家训建设活动开展比较好的两个村子——昇光村和岩峰村。

168

　　带着问卷，我们前往这两个村庄开展了调查和访谈，热心的王老师也早为我们联系好了大学生村官。交流后我们在村民中做了问卷调查，热心的村民还跟我们聊起了家常。因为有良好的家风家训，很多村民表示家中很少甚至没有出现家庭矛盾，老人们也纷纷表示，家里子女很孝顺，在外的子女也经常联系家人。不少村民都认为诚信最重要。

　　"人无信不立"，我认为良好的家风家训不仅有利于家庭和睦，对社会也能产生积极影响。与其说家风家训是老一辈对年轻人的约束，还不如说是老一辈为年轻人铺好的、能让未来生活更美好的人生之路。现代快节奏的生活方式使不少家风家训在传承的路上消失了，但萧山区政府开展的家风家训活动能使原来逐渐消失的家风家训重新焕发光彩。

　　家风家训建设活动给昇光和岩峰村注入了新的和谐因子，对家训的重视一定会在未来社会发展的星空中，绽发出自己的光彩。

——15 电商 1 班　谢靖

　　2016 年 6 月 29 日至 7 月 5 日，在浙江旅游职业学院社科部老师的指导下，我们进行了为期一周的暑期社会实践。

　　我们的实践内容是"萧山区家风家训建设现状调查及对策研究"。我们根据资料设计了调查问卷，然后在老师的带领下，到萧山区文明办了解了萧山区家风家训建设活动的进展情况。

　　我们在萧山区的岩峰村、昇光村以及市民广场进行了实地调查，掌握了萧山区老百姓家风家训建设现状的第一手资料，并对数据进行了分析，撰写了调查报告。

　　"家风"通俗来讲就是一个家庭的风气和作风，是家庭积极向上的表现、优秀品质的沉淀。"家训"是家庭的祖辈们传下来的戒律和规章，是所有家庭成员们所要共同遵守的。它所表现出来的约束力，对每一个家庭成员具有提醒和监督作用。良好的家风家训能促进家庭的和睦相处，使其健康发展；同时，它对一个人的成长也具有潜移默化、深远持久的影响。通过此次活动，我们深切地感受到了家风家训对于社会以及个人的重要性。

169

在调查中，尽管我们之前做了很多准备工作，但还是遇到了问题和挑战，在困难面前，每个成员之间通力合作、团结一心，才使我们完成了这次调查，这就是最大的收获。

——15 导游 2 班　贾腾飞

2016 年 6 月 29 日至 7 月 5 日，我和几位同学一起参加了社科部组织的"萧山区老百姓家风家训建设现状调查及对策研究"活动。虽然七天的社会实践活动让我觉得有些累，但更多的是我从中锻炼了自己，并且学到了很多课堂上学不到的东西。

28 日当天下午，老师组织我们几位同学开会，告诉我们实践活动的计划安排，并给了我们有关家风家训的文献资料。29 日，我们和老师一起去了萧山文明办访问并参观美德馆，在那里我们得到了更多有用的信息，并确定了随后要去调查的地点。之后的两天，同学们一起参考老师给的资料，讨论并设计了调查问卷，并前往学校周边的村子进行了预调查。通过预调查，我们修改并确定了最终的调查问卷。4 日和 5 日，我们和老师共同前往岩峰村和昇光村进行了调查和访谈。对村干部进行访谈后，我们了解到了很多信息。随后在广大村民中开展问卷调查。虽然语言交流上有些困难，但并没有阻碍我们的脚步。

无论是老爷爷、老奶奶还是青年人甚至小孩子，他们说出的家风家训都是耳熟能详的。老一辈讲述的是他们的"规矩"。他们说出的最朴实无华的规矩中深藏着中华民族的文化底蕴，饱含了祖辈对后辈的教导与期许。中国是礼仪之邦，五千年的文化传承至今，深深铭刻在中国人的心中。每个家庭都有家训、家规、家风，俗话说得好："无规矩不成方圆"。从"孟母三迁"到"岳母刺字"，好的家训、家规、家风不仅承载了祖祖辈辈对后代的希望，也体现了中华民族的传统美德。良好的家风家训是中国传统文化传承的重要形式，是家庭教育的重要内容，更是培育和践行社会主义核心价值观的重要载体。

"纸上得来终觉浅，绝知此事要躬行。"这一次的实践活动让我明白团队合作的重要性。在实践中我们结交了新朋友，获得了友谊，让我对家风家训也有了更深刻的理解，更明白优秀的实践报告得来不易。每一次的成功都是一个团队一起努力的结果。

——15 导游 5 班　杨婉婷

农村文化礼堂建设现状调查及发展对策

——以萧山区文化礼堂为例

（2017 年）

一、问题缘起

为全面贯彻落实国家对新农村文化建设要求，满足农民群众不断增长的精神文化需求，自 2013 年起，浙江省在全省农村地区建设基层文化平台。2014 年，《浙江省农村文化礼堂建设实施意见》提出："2014 年是农村文化礼堂建设的扩面提质之年……要围绕'文化地标、精神家园'的定位，充分发挥其示范带动作用，促进全省农村文化礼堂建设整体水平的提高。"

文化礼堂建设主要依托已有的旧祠堂、文化长廊、大会堂和文化活动中心，一方面避免大兴土木，少花钱多办事；另一方面借力发力，弘扬传统文化。过去单一传承宗族文化的祠堂，而今变成传播先进文化的殿堂。"农村文化礼堂融公共文化空间与公共生活空间于一体……已逐步成为当下乡村公共服务的重要平台和推进文明建设的重要场所，也是弘扬社会主义主流价值及传播与建构乡村民主治理模式的重要载体与社会空间。"[1]

2013 年初至今，萧山区积极响应省、市部署，结合本地区实际来建设农村文化礼堂。其发展宗旨是：为村民服务，让文化礼堂成为传授知识的殿堂、丰富精神的世界、感受幸福的源泉。通过多年的实践和努力，萧山区文化礼堂建设取得了丰硕成果，但也存在一些问题。调查和总结萧山区文化礼堂建设经验，对于浙江省乃至全国文化礼堂建设具有重要的现实意义。

二、萧山区农村文化礼堂建设调查数据和结果分析

为了解萧山区文化礼堂建设状况，总结经验，不断促进农村文化礼堂建设，我们按照萧山区文化礼堂的等级与分布，以四星、三星、二星、一星和是否"非遗"为划分依据，每类选取一到两个村子不等，最后确定了萧山的十余个村为调查对象。这些村庄主要分布在萧山的南、北区块，这样我们可以了解到不同地区的文化礼堂的建设情况，保证了数据的全面性和科学性。

自 2017 年 6 月 29 日至 7 月 5 日，我们对上述十个村庄进行了实地走访。我们参观了当地的农村文化礼堂，对村干部及普通村民进行了"一对一"访谈，并做了访谈记录，还在每个村子进行了抽样调查。本次调查共发放问卷400 份，回收 400 份，其中有效问卷 393 份，有效率为 98.2%。我们借助统计软件 SPSS22.0 对问卷数据进行了整理和分析。

（一）基本情况分析

调查对象在年龄构成上较合理，覆盖了老、中、青各年龄段，其中18—35 岁为 141 人，36—55 岁为 136 人，56—65 岁为 59 人，66 岁及以上 57 人。

在学历项中，初中、高中及职高约占一半，小学及以下的占到三分之一，调查样本普遍接受了九年义务教育，具体结果见表 1：

表 1　调查对象文化程度

	小学及以下	初中	高中及职高	中专及中技	大专及高职	本科	研究生及以上
所占比	32.3%	24.2%	20.1%	5.6%	10.7%	6.6%	0.5%

调查对象的身份构成和宗教信仰情况具体见表 2 和表 3：

表 2 调查对象的身份

	农民	文化礼堂管理者	村两委成员
所占比	91.9%	1.8%	6.4%

表 3 调查对象的宗教信仰

	信教	不信教	佛教	基督教	天主教	道教
所占比	34.9%	65.1%	84.2%	11.9%	1.8%	2.1%

（二）文化礼堂建设现状分析

调查问卷主要围绕着村民对文化礼堂建设的认知度、认可度、参与度等方面考察文化礼堂建设现状。

1. 文化礼堂成为村民日常生活的重要组成部分

调查结果显示（见表4），经常去文化礼堂的村民已占到大半，表明文化礼堂在村民生活中具有一定影响力和吸引力。村民对文化礼堂具有的一定的亲近感、认同感和归属感，促使村民真正成为基层农村文化的耕耘者。

表 4 调查对象去文化礼堂的频率

	每天都去	有空就去	偶尔去一次	基本不去
所占比	15.5%	42%	26%	16.5%

2. 文化礼堂活动开展情况

我们将文化礼堂开展的活动分为9大类，喜欢"文化下乡活动"的村民有246位，"戏剧演出"的村民有223位，"电影"的有181位，"健身活动"的有197位，"传统民俗活动"的有133位，"展览"的有93位，"召开村民会议"的有99位，"培训学习活动"的有72位，选择"其他"的为59位，可以看出村民最喜欢的是"文化下乡活动"。

3. 村民对文化礼堂认可度高

调查结果显示，37.7%的人认为建设文化礼堂非常有必要，46.1%的人认为有必要，13.1%的人认为无所谓，2.8%的认为没有必要，0.5%的人认为完全没有必要。由此可以看出，认为"有必要"的村民占绝大多数，但还是有极少数的村民认为建设文化礼堂"完全没有必要"。结合访谈我们了解到，认为"完全没有必要"的村民或是在村里居住时间短，或是文化礼堂的活动声音太嘈杂影响了家人的休息。

通过实地调查和访谈发现，各村都充分利用了文化礼堂的文化长廊、陈列馆等为载体，展现村庄的历史变迁和建设成果。通过评选并宣传农村的道德红榜人物、好婆婆、好媳妇、"文明示范户"等弘扬社会主义核心价值观。利用儿童节、重阳节等节日，组织开展"开蒙礼""敬老礼"等礼仪活动弘扬传统文化。通过形式多样的活动，文化礼堂在村民当中有了一定的口碑。村民普遍认为"文化礼堂可以丰富文化生活"的占299人次，"加强农村精神文化建设"的占223人次，"传承地方文化"的占192人次，"操办重大事件场所"的占156人次，"联络感情、交流信息""政府部门的宣传工具""没有什么作用，只是摆设"分别占186人次、97次及33人次。可见，大多数村民对文化礼堂有一个正面积极的认识。

4. 文化礼堂建设需要村两委和村民的共同努力

文化礼堂的建设需要多个方面的条件，因此设计问卷时我们将该题设计为多选题。问卷统计结果为，认为需要村两委为条件的村民最多为250人，其次是文化氛围为一个条件的为235人，各级政府为一个条件的为219人，参与热情为一个条件的为212人，领导的重视、资金、基础设施、地方特色、时代感分别为164人、163人、157人、140人和125人。这表明文化礼堂建设离不开各方面的共同努力，村"两委"是"领头羊"，村民是主要的参与者。

5. 村民对文化礼堂的满意度受不同因素的影响

村民对礼堂的满意度体现在三个方面：礼堂的场地、礼堂的活动、礼堂的管理工作。对礼堂场地表示满意的占44.3%，对礼堂活动表示满意的占92.9%，对礼堂管理工作认可的占91.1%。调查结果表明村民对文化礼堂总体持满意态度，但相较而言，村民对礼堂场地的满意度最低（见表5）。

表5　村民对文化礼堂各方面的满意度

	场地	礼堂活动	礼堂管理工作
满意	1.3%	50.4%	41.5%
较满意	43%	42.5%	49.6%
不满意	6.1%	4.6%	7.1%
很不满意	1.3%	2.5%	1.8%

通过单因素 anova 检验发现，政治面貌对文化礼堂满意度有一定影响，党员和民主党派的满意度更高，但不显著。通过平均数差异检验分析发现，户籍对文化礼堂满意度有一定影响，萧山户籍和外地户籍相比，对活动满意度更高，但不显著。外地户籍中的大多数人不了解文化礼堂，也很少参加文化礼堂的活动。究其原因，主要在于外来人口所在企业都属于劳动密集型企业，如服装厂、小五金加工厂等，竞争压力和繁重的工作牵制了他们的主要精力，无暇顾及休闲娱乐。"社区文化营造与互动决不能成为排斥流动人口、排斥社会与全球化的阀门，不然由社区衔接所构成的地方社会，只能成为自我封闭和孤立的场所。"[2]这个问题应该引起有关部门的重视，让文化礼堂成为本地村民和外来人口的共同家园。

通过皮尔森（Pearson）相关检验显示，村民参与度与满意度呈显著正相关，村民的参与度越高，其对文化礼堂的满意度越高（见表6）。其中村民参与度与场地满意度呈显著正相关（$r = 0.355$，$P \leqslant 0.01$）；与活动满意度呈显著正相关（$r = 0.558$，$P \leqslant 0.01$）；与管理工作满意度有显著正相关（$r = 0.476$，$P \leqslant 0.01$）。说明参与文化礼堂活动越频繁的村民其对文化礼堂的总体满意度越高，而去文化礼堂频率越低的村民对文化礼堂的场地、活动和管理存在更多的不满。

表6 村民参与度与文化礼堂满意度相关分析

	场地满意度	活动满意度	管理工作满意度
村民参与	0.512＊＊	0.460＊＊	0.372＊＊

注：相关系数类型为 Pearsons'R 系数，＊＊P≤0.01。

皮尔森（Pearson）相关检验显示，文化下乡活动受欢迎度与村民对文化礼堂场地、活动和管理工作的满意度呈显著正相关，r 分别为 0.355、0.558、0.476，P≤0.01（见表7）。说明越喜欢文化下乡活动的村民其对文化礼堂的认可度越强。文化礼堂作为文化下乡活动开展的重要载体之一，要充分借助文化下乡活动的辐射面和影响力，提高村民对文化礼堂的满意度。

表7 文化下乡受欢迎度与文化礼堂满意度相关分析

	场地满意度	活动满意度	管理工作满意度
文化下乡	0.355＊＊	0.558＊＊	0.476＊＊

注：相关系数类型为 Pearsons'R 系数，＊＊P≤0.01。

通过皮尔森（Pearson）相关检验显示，大学生志愿者参与文化礼堂建设的欢迎度与文化礼堂满意度三个维度之间均呈显著正相关，P≤0.01，说明越欢迎大学生加入本村文化礼堂建设的村民对文化礼堂的满意度越高（见表8）。由此可见，打造村民喜爱的文化礼堂可以联手高校，吸纳大学生志愿者，利用大学生的智慧和号召力带动村民参与和融入文化礼堂之中，对文化礼堂产生更积极的认可。

表8 大学生参与建设受欢迎度与文化礼堂满意度相关分析

	场地满意度	活动满意度	管理工作满意度
大学生参与	0.196＊＊	0.149＊＊	0.190＊＊

注：相关系数类型为 Pearsons'R 系数，＊＊P≤0.01。

6. 村民是文化礼堂建设的重要力量

关于"谁是文化礼堂建设的重要力量",调查对象认为"村民是重要力量"的占 37.2%,"村里的能人和有文化的人为重要力量"的占 29.0%,"民间组织为重要力量"的占 26.5%。这表明应该发挥村民在文化礼堂中的重要作用,使农村文化礼堂真正成为对群众有凝聚力、向心力和归属感的精神家园。"农村群众自主参与文化礼堂建设的积极性、能力水平是衡量文化礼堂建设成功与否的根本标准,是文化礼堂'建管用'一体化、充满活力、长效可持续发展的关键因素和决定性力量。"[3]

7. 绝大部分村民希望大学生参与文化礼堂的建设

当问及"是否希望大学生参与到文化礼堂的建设中来"这个问题时,表示非常欢迎的占 64.4%,欢迎的占 33.3%,无所谓的占 2.3%。如某村村主任表示,大学生村官受过高等教育,从知识层次和个人素质来看,接受新事物的速度快,沟通能力强,又懂国家法律。从时代背景来看,大学生村官信息化程度高,能够在工作中利用一技之长,为所在村搜集和利用信息。他们敢于创新、乐于创新,能吸引更多的村民参与文化礼堂建设,对文化礼堂的后续发展非常有益。

三、萧山区农村文化礼堂建设取得的成效

近几年来,萧山区政府大力推进文化礼堂建设,取得了十分显著的成效,归纳起来有以下几方面。

(一)村委会与村民的重视

对村委来说,发展经济的同时,应更加注重文化建设。"农村文化礼堂之于建构农村公共空间、巩固基层执政基础、建设村民精神家园的作用……都是文化的社会治理功能的具体实践和成果显现。"[4]因此,村干部和党员要发挥骨干的作用,多组织村民参加活动。例如某村,村民普遍看好文化礼堂,村民的认可促使村干部下功夫用心地发展文化礼堂,文化礼堂的规模不断扩大,基础设施逐步健全,给人以焕然一新之感。文化礼堂利用率极高,活动丰富多彩,村民参与热情空前高涨。

（二）深入挖掘农村文化，展现本村特色

针对民间传统文化艺术，通过充分挖掘与培育，将群众熟悉的文化项目搬上文化礼堂，既丰富了文化礼堂的活动，又继承弘扬了特色文化。例如XT将国家非遗项目"板龙"融入文化礼堂，还利用村里的宗祠来开展文化活动，宣传科学知识，发挥宗祠对文化建设的作用。再如具有爱国主义教育基地的村落，借助丰富的历史文化积淀来提升文化礼堂内涵。某村和某村等分别建起了村史陈列馆，继承和弘扬本村的红色文化。

（三）促进了民族团结，有利于少数民族群众更好地融入本地

习近平总书记曾说过要"守好各民族美好的精神家园"，只有尊重各民族文化，"各美其美，美美与共"，才能推动文化融合发展。以某村为例，村中有不少从广西、贵州娶回的媳妇，她们基本上都是少数民族，在村民的帮助下，她们已融入本地生活，会说当地方言了。村委考虑到她们的特殊情况，对她们所在家庭进行了经济补助，子女也能享受教育补贴。为了丰富她们的业余生活，文化礼堂也有专门的活动，如少数民族刺绣展示，还让她们向村民教授刺绣工艺等。

（四）重视乡贤，升华了文化礼堂的精神引领作用

乡贤是乡村有文化、有能力、有道德的人，他们凭借其在乡村的威望来引导村民、教化村民，推动乡村经济社会发展。某村有位特殊的志愿者，他曾在部队服役17年，并获得了大学文凭。八年前，他看到村里有年纪大的老人因子女不在身边，腊八节也吃不上腊八粥，就想着为老人免费送粥，这一送就是八年。去年，村里照顾他年纪大了，就主动地接过这个任务，每年腊八节为年纪大的老人送粥。乡贤植根乡土，接地气，对村民有很好的示范作用。重视乡贤，可以引导村民见贤思齐，实现文明乡风。

（五）文化礼堂助推乡村旅游迈上新台阶

许多农村所在地拥有得天独厚的旅游资源，无论是自然资源还是文化资源，只要合理利用开发，就会推进文化建设。依托好山好水，保留原汁原味的历史文化，是某村在文化礼堂建设中考虑到的主要因素。某村借助文昌阁等建设文化礼堂，并将萧山抗战纪念馆和中美合作抗战纪念馆作为文化展

厅，极大地提升了该村的文化内涵。某村凭借这些红色旅游景点和生态旅游环境，借此助推文化礼堂发展，使之成为一道亮丽的旅游风景线。

（六）走群众路线，因地制宜合理建设文化礼堂

在萧山，很多地方的文化礼堂通过改造原有的宗祠、庙宇等建设而成。例如宗祠改造。宗祠是宗族的精神殿堂，是同宗同祖村民的共同财富。利用宗祠改造文化礼堂，需要做好老百姓的思想工作，做到尊重民意、体会民情。在翻新宗祠时既保留原有的构造和老物件，也注重体现文化礼堂的时代气息。某村和某村的文化礼堂都是宗祠改造的，里面还有宗祠原先的宗族世系表。某村则把"岩将庙"作为文化礼堂，村民共同出资翻新，还设立了"岩将书院"作为村民阅读的地方。总之，改造形成的文化礼堂，需要既注重时代气息，又兼顾古建筑的人文气息。

四、萧山区农村文化礼堂在建设过程中存在的主要问题

农村文化礼堂是国家对乡村社会进行文化治理的实践，是国家主导下的一种"文化植入"。在起步阶段，由于农村群众的思想意识、价值观念及乡村治理能力和国家意愿有着不可避免的差距，从而导致诸多现实问题。

（一）村干部的思想观念偏颇

文化礼堂建设需要基本的物质保障。对于村集体经济兴旺发达的村庄来说，经费不成问题，但也致使一些村干部的思想观念陷入一种怪圈，认为有钱就能建好文化礼堂。殊不知，文化礼堂建设固然和钱有关，但真正要把文化礼堂建设成有品位的、受群众真正喜欢的文化事业，需要的远不止钱。例如富裕的 HM 村非常有实力，它的文化产业发达，商业网点遍布整个村庄，村民一般不需要文化礼堂就能满足自己的文化需求。加上宣传力度不够，村民对文化礼堂根本不了解。

还有一些村干部认为文化礼堂建设是形式主义，例如某村。我们在实地走访期间，发现该村的文化礼堂基础设施齐全，却到处是灰尘，破败不堪，基本上荒废了。村干部对此颇有微词，认为文化礼堂就是形象工程。在这种思想观念指导下，文化礼堂的建设就成了敷衍了事。具体负责的管理人员是

兼职的，平时工作忙，根本没时间、没精力管理文化礼堂。只在上级部门和领导来检查时，才打扫应付一下。也有一些村干部在文化礼堂建设中搞"形式主义"，据某村村民反映，该村的文化礼堂平时活动很少，主要是借给村民操办红白大事，最热闹的是棋牌室。但村干部送给我们的宣传册设计精美、活动及展示图片丰富，看起来有文化、上档次。只要表面文章做得好，照样能评上星级文化礼堂，这让一些实干的村很不服气。

（二）物质保障力度有限

我们在调查中发现，有些村的文化礼堂是依托原有的村委会办公楼或宗庙祠堂改建的，有些村没有基础，只能新建。文化礼堂的单体建筑耗资大，需要百万巨资。目前浙江省文化礼堂建设项目实施"市县—乡镇—村"三级财政管理体系，县财政每年补助5000元日常管理经费。但资金有限，需要村里解决部分资金。经济基础较好的村，借助百姓集资捐款，其重要来源是本村有能力的乐善好施人士。对于经济欠发达的村庄而言，资金是阻碍其发展的重要因素。除此之外，聘请文化管理员的费用、举办各项活动的费用、改造基础设施的费用等等，都阻碍了文化礼堂的后续发展。

（三）文化礼堂举办的活动流于表面和形式主义，不够接地气

文化礼堂的活动看起来丰富多彩，年年有计划、月月有安排，但千篇一律。因文化程度和自我追求有限，村民偏爱综合性文艺演出，而对"学教型"活动如科普讲座、思想理论宣传、形势政策普及等不感兴趣。根据某村反映，深受老百姓喜欢的文艺演出类节目较少。除本村组织外，"文化下乡"资源少，分配不均匀，有的村多，有的村少。除了"文化下乡"，还有"文化点餐"服务，给了农村群众一定的自主选择权，但需要各村"抢戏"。据某村文化管理员反映，"抢戏"时间多在晚上12点。由于信息不畅通，加上自己不会操作电脑，"抢戏"存在很大难度。只好麻烦镇里上班的朋友，帮忙"抢戏"。

文化礼堂建设的根本任务是丰富村民的精神生活，如果老百姓不喜欢举办的活动，就会降低文化礼堂的利用率，直接影响文化礼堂的建设实效，沦为形象工程。

（四）运行的制度化和规范化有待提高

在调查中，我们发现虽然各村的文化礼堂管理制度、资金使用制度、场地使用制度、安全保障制度等都齐全，但只是写在纸上、挂在墙上、放在嘴上。多数没有落到实处。如安全保障制度，在举办大型活动时，安全保障力度不够，自发的群众安保小分队力量薄弱。某村书记反映，活动过程中时有盗窃行为发生，村里没有专业的安保人员，给活动的开展带来不便。文化礼堂建设离不开各种活动，举办活动的前提是保证百姓的生命财产安全。如果举办活动时，因某些原因导致活动现场秩序混乱、人民财产损失等情况，将会大大削弱百姓参与的积极性。

在调查过程中，一些村民拿到调查问卷，不知道什么是"文化礼堂"。因文化礼堂位置不佳、离家距离远、宣传不到位、活动单一、工作忙碌等因素，导致一部分村民的参与积极性不高。例如某村，只有广场舞广为人知，讲座也有限。这说明多数文化礼堂还处于建设期，没有实现平稳运行，运行的制度化和规范化有待提高。

（五）人员配置不尽如人意

文化礼堂的管理员对文化传播、活动管理、组织宣传等起到重要作用，一方面要求其具备深厚的专业知识与文化素养，另一方面也要具备高超的管理能力。通过走访，我们发现文化管理员的培训存在缺失现象。有的较年轻，对文化礼堂没有足够的了解；有的刚接手，对操作程序不熟悉；有的身兼多职，应接不暇；有的村文化管理员是年事已高的老人，对文化礼堂建设任务有心无力。对发展文化礼堂而言，文化管理员这个岗位至关重要，绝不是可有可无的。

有的村表示很希望聘请大学生村官来充当文化管理员，从侧面反映了基层对于人才的渴求。如某村书记认为村里需要年轻的领导者具有与时俱进的创新思维，专业人才对农村建设所发挥的作用不容小觑。某村的文化管理员表示，本村的一大特色是抗战纪念馆，因讲解员年事已高，且村里的集体经济欠发达，没有能力承担讲解费用。村里希望有志愿者主动参与抗战纪念馆建设，这有利于弘扬抗战精神，发扬特色文化。

五、解决对策

(一)通过培训、学习交流、考核等方式转变村干部的思想观念

首先,村干部应该从"眼光向上"到"眼光向下",从"应付上级检查"到"服务基层群众",让更多的村民参与其中,增强他们的主人翁意识。在日常工作中,要虚心、热心地倾听百姓心声,了解群众的需求,收集村民的意见。根据村民的意见打造属于他们的精神家园,最大程度上发挥文化礼堂的作用。

其次,上级部门应通过培训和交流学习活动,明确文化礼堂建设宗旨,统一村干部的思想观念。发挥好星级文化礼堂的示范作用,开展"传帮带",带动无星级和低星级文化礼堂发展。上级主管部门还应落实督导、检查工作,请工作人员真正下到村里,听取村干部和村民意见,总结经验,指出不足,并帮助解决问题。

再次,2014年颁布的《浙江省农村文化礼堂建设实施意见》明确提出"要把农村文化礼堂建设工作作为考核各级领导班子、领导干部的重要依据,列入各级政府实事工程,进入文明县城(城市)、文明村镇等相关评价体系,纳入社会主义新农村建设和美丽乡村建设考核的重要内容。"将文化礼堂作为考核依据时,要防止某些村干部为了业绩,大兴土木、盲目建设;也要防止某些村干部"表面一套,背后一套",搞形式主义。因此,当文化礼堂建设作为考核依据时,要求上级主管部门深入基层摸清情况,而不能只看村干部送上来的文字材料,对虚报成绩的村子要进行相应的处罚。

(二)拓宽资金来源渠道,逐步解决经费紧缺问题

除了上级主管部门开源节流,逐步加大资金支持力度外,还要发挥乡村群体的积极性,让大家共同破解经费紧缺这个问题。村民是文化礼堂的主人,他们既是参与者,也是受益者。村干部应做好宣传和沟通工作,让村民有钱出钱、有力出力,共同建设文化礼堂。

利用村集体的土地资源、人力资源等吸引企业落户乡村,密切联系地方企业,打造"命运共同体",争取地方企业在资金、人才等方面给予文化礼堂以强大的财力和智力支撑。作为回馈和奖励，对投资文化礼堂的地方企业出台相应的优惠政策，并在文化礼堂的"两堂五廊"进行宣传。

建立一支热心公益、服务群众的志愿者队伍，吸引和鼓励志愿者参与文化礼堂管理工作，对服务时数较多的志愿者采取积分奖励制，从而减少文化礼堂管理人员的工资支出。

（三）发展农村特色文化，实现文化产品"外送"和"内养"相结合

文化礼堂的活动内容既要接地气，也要服务于社会主义文化建设。要将社会主义核心价值观融入乡村文化，开展特色农村文化活动。从活动形式上说，尽量避免生硬的理论宣传，要用老百姓喜欢的形式如文艺演出、电影、民俗体验活动等形式，寓教于乐，提升村民的文化素养。

从调查中可知，村民最中意"文化下乡"活动，因为专业，因为好看，但"文化下乡"活动偏少，分配不均匀。因此，省、市、县各级文化管理部门要发挥作用，统筹安排，协调好"文化下乡"活动的演出地点。各级文化管理部门还要激发所属文化演出团体的积极性，鼓励他们创造出村民喜爱的文艺作品，引导他们走进基层，走近百姓，为村民提供更丰富的精神食粮。我们需要"文化下乡"来种文化，但坐等"文化下乡"也不可取，我们要通过努力实现文化产品"外送"和"内养"相结合。浙江各地有着深厚的文化基因，地方曲艺品种繁多，但随着社会发展，一些地方曲艺不断萎缩甚至消失。地方曲艺带着鲜明的地域特色，深受百姓喜爱。上级文化主管部门可以在政策、资金、人才等方面鼓励各村挖掘和弘扬地方曲艺，其中人才是关键。"浙江省的农村文化礼堂建设提供的众多经验，最具价值的就是高度重视农民群众自身的文化发展，将乡村内部的知识分子和文化能人作为最可靠的中坚力量。"[5]文化产品"内养"既可以丰富百姓的文化生活，还可以传承地方曲艺，是一举两得之策。

（四）加强管理，实现运行的制度化和规范化

落实文化礼堂管理制度、资金使用制度、场地使用制度、安全保障制度等，实现运行的制度化和规范化，不因村委换届、村干部更替就影响制度的贯彻执行。

提高群众参与文化礼堂活动的比例，进行有效的广泛宣传是必不可少的步骤。处于信息化时代，文化礼堂的宣传工具要紧跟时代步伐，文化礼堂可以开设"公众号"，让村民通过关注该"公众号"来方便、快捷地掌握第一手信息。考虑到年纪大的村民不会现代信息技术，只会"口耳相传"。为此，可以请村子里有声望的人进行宣传，强化宣传效果；还可以在文化礼堂和村口的显眼处张挂宣传海报或小黑板，由文化礼堂管理人员及时更新内容。

针对安保问题，可以开展安全宣传，加强村民的安全意识，教会百姓如何防范安全隐患。还要在安保设施和安保力量方面多下功夫，如完善村里的监控系统，做到实时监控；加强对村民巡防队的人员配置和安全培训等，提高安保工作的效率。

（五）合理配置文化礼堂管理人员，举全社会之力来保障人力

文化礼堂的管理人员要老少结合，实现平稳过渡。年轻人脑子活络、想法多、敢于创新，是文化礼堂建设的新生力量。年纪大的管理者对文化礼堂建设有亲身实践和管理经验，可以让他们对年轻人进行培训，让他们做一些力所能及的事，要相信年轻人，放手让年轻人去挑起"大梁"。

要发挥乡村知识分子的作用，"……从实际出发进行创新性建设，并为乡村知识分子提供发挥特长的平台，以增强服务农民文化活动的水平。"[6]让他们在文化礼堂资料整理、文体活动的组织编排、乡村文献资料编修、乡村"非物质文化遗产"挖掘、村民文明素养提升等方面各尽其才，为文化礼堂建设献言献策。

发动村民投身志愿服务。除此，还可以联手高校，建立村校联盟，成立大学生"文化礼堂"志愿服务队，利用寒暑假及节假日服务村文化礼堂。这样做，既可以解决大学生志愿者无事可做、志愿服务机会不多的困境，也可以解决村文化礼堂缺少人才的尴尬境遇。

文化礼堂的发展离不开村民们的积极参与，要从群众最直接、最关心的问题入手，把村民的利益放在第一位。今后应立足实际、科学规划，突出各个村的特色，在硬件标准化建设的同时，追求软件的不同，让各村的文化礼堂百花齐放，满足人民群众日益增长的精神需求。

参考文献：

[1] 张祝平. 论乡村礼堂的变迁与乡村社会的再组织化 [J]. 广西民族大学学报（哲学社会科学版），2016（6）：30 - 36.

[2] 陈建胜. 农村社区文化营造何以可能与何以可为—以杭州农村文化礼堂建设为例 [J]. 山东社会科学，2015（9）：72 - 78.

[3] 尹怀斌. 农村群众自主参与文化礼堂建设研究 [J]. 湖州师范学院学报，2016（3）：11 - 17.

[4] 陈野. 文化治理功能的浙江样本浅析—以农村文化礼堂为例 [J]. 观察与思考，2017（4）：85 - 92.

[5] 雷家军. "四自"：从经验到目标—以浙江临安村级文化礼堂建设为重心的调查与思考 [J]. 中华文化论坛，2015（12）：21 - 26.

[6] 宋立华，雷家军. 发挥乡村知识分子在农村文化礼堂建设中的作用 [J]. 中共青岛市委党校青岛行政学院学报，2015（3）：110 - 113.

附 录

学生心得体会

众所周知，"实践是认识的来源，是认识发展的动力，是检验真理的唯一标准。"随着大一学习生活的结束，我们开展了一项关于"萧山区文化礼堂建设情况"的暑期调研活动，短暂的几天却让我获益良多……

通过实践，我掌握到宝贵的调研方法。此次实践我们采用"预调查""问卷抽样调查"以及"定量数据分析"等方法，让我认识到以往研究中自身存在的不足。尤其是预调查，让我们能及时更正问卷与访谈提纲的不足，进一步完善实践计划，提高研究结果的准确性，也为调查任务的顺利完成减少了阻碍。我还更深入地了解了 SPSS 的数据分析，为今后的运用打下了坚实的基础。

通过实践，也锻炼了我的意志力。7 月初，正值高温，每天和伙伴们顶着烈日，备着防暑药品，我要时刻关注伙伴和自己的身体状况。两个队伍共走了 10 个村，因村中交通不便，很多时候要步行。碰到一家小店，能吃上一根冰棍，真是一件幸福的事情。印象最深的是最后一个村庄，当天我们结束后回酒店时，正值 12 点，徒步走一段路到村际公交站，等了近 1 个小时都没有等到车，看着伙伴们身心疲惫的样子，我决定与村文化管理员联系，请求送我们一段路。虽是一辆乡村面包车，对我们来说已经是极好的待遇了，他把我们送到镇上的公交站，等了半个多小时，公交来了，坐了一个多小时的公交顺利到达市区。另外还有语言不通、村民的不配合等困难，但我们 10 人相互鼓励、相互帮助，最终顺利地完成了任务。

通过实践，更提升了我的个人能力。很荣幸被老师选为此行的队长，不管是实践前的准备工作，还是实践中的调研访谈，或是实践后的数据输入与分析，我都合理分工，将任务分工到个人，明确每位成员的职责，为实践的顺利开展和圆满结束奠定了良好的基础。我主要负责访谈和问卷调查，在此过程中我了解到文化礼堂建设的现状以及存在的问题，通过与村民及村干部的交流，发现乡村文化礼堂建设过程中遇到的种种困难。

通过实践，我全面了解了萧山区 10 个村文化礼堂的建设情况。从未评星级的村庄到三星级、四星级村，一个个地走访，我们了解到老百姓对文化礼堂建设的真实想法，发现文化礼堂建设过程中存在的问题。不能否定的是文化礼堂建设成绩突出的村子，他们取得的成效可以供许多乡村借鉴。实地走访的几天，我看到了从未了解过的文化礼堂，看到了浙江省的特色文化，收获颇多。我认为这次暑期社会实践不管对个人，还是对文化礼堂的发展都有重大的意义。下一个假期，我还要选择一个主题去探究，这不仅能丰富自己，也能为社会发展做出力所能及的贡献。

——16 导游班　朱孟可

通过这次社会实践，我学到了很多东西。我们的社会实践是调查有关文化礼堂建设的，因为自己家乡也有文化礼堂而且比较受欢迎，所以我也是挺有兴趣在萧山深入了解一下有关文化礼堂的相关内容，所以有幸参与了这次活动。

在调研的这段时间里，通过团队的合作和自己的努力，我们的实践活动得以顺利进行。通过分工，我主要负责路线、时间安排和宾馆，制定详细的路线安排表。在社会实践正式开始前，我就要提前开始我的工作了。我提前两天打电话预订了宾馆，提前一天再次打电话确认，这项工作必须要细心，这也与我学的旅游专业十分符合。行程中要时时刻刻留心时间，生怕饭点到了吃不着饭，车子等了半天也等不到，村子以及文化礼堂在哪找不到，没时间发放问卷调查等等潜在的问题。在做好本职工作的同时，协助同学发放问卷、拍照记录。总体来说，在这次暑期社会实践中，我对自己的表现还是满意的，不仅给小组里的其他成员提供了放心的大后方支持，同时也是联络员、摄影师。在调研过程中，有些是需要沟通的，我们听不懂萧山方言，老一辈的村民也说不大来普通话，我们只好耐心地慢慢讲，从中也培养了我们的耐心。

通过此次社会实践，我深入了解了萧山人民对农村文化礼堂的印象，也对萧山村庄的大致方位都有了初步了解。萧山面积大，这些日子大家都很辛苦，一天在萧山的东北，次日又去西南角。社会实践确实累，但学到的东西真的很多。我们在社会实践中参观了抗战纪念馆，学习了红色文化。我们也在调查中认知了"旅游＋"模式，如何凭借旅游来带动文化礼堂发展等等。只有走出去，亲自去看看，才能得出最正确的结论。当然，村民的热情以及大家的配合，使得这次社会实践能够顺利完成。

感谢学校给了我这次社会实践的机会。

——16 旅行社经营管理班　陈逸琦

我参加的是关于萧山区"文化礼堂"建设的社会实践。这次社会实践我认为非常有意义，通过这次社会实践认识了一群小伙伴，更让我这个外乡人深入地了解了杭州，了解了萧山。

我们的活动主题是"萧山区农村文化礼堂建设现状调查及对策研究"，一开始我真的不知道什么是"农村文化礼堂"，看了一些资料后，我才知道"农村文化礼堂"的具体内容。

我们的社会实践大体分为两部分。第一部分是到萧山区的十个村子发放问卷、收集信息，我主要负责的是发放、回收问卷；第二部分是完成关于"文化礼堂"建设的调查报告，我和另一个同学负责数据分析这部分的编写。完成第一部分的时候，正值高温天气，我们深入到萧山 10 个村子，共发放了400 份问卷，了解了大家对文化礼堂的看法，对现状的满意程度和对未来文化礼堂建设的建议。发放问卷时，很多老人不认识字，需要我们一个一个念出来帮他们选择。遇到年龄大、不会讲普通话的，我就要加倍认真地听他们讲。走访的那几天，我体会到浙江省提出建设文化礼堂的初衷和实施的不易，从纸上搬到生活中来要面对种种阻碍，尤其是资金的不足，每个村子都抱有雄心要建出最好的文化礼堂，一谈到资金就有点迈不开步子。后期完成第二部分时，也是我认为最难完成的一部分。老师会用软件把问卷收集到的数据整合起来，通过不同的分析方法进行分析，分析完之后发给我们。我们遇到的问题是我们看不懂最终的分析结果，后来我们单独找老师，老师教我们看表格，多次修改之后才完成这部分。

　　能够顺利完成这次实践，是大家共同努力的结果，通过这次实践我认识到分工合作的重要性，认识到我们掌握的知识还远远不够，我们还需要继续学习，专注于我们本专业的知识，其他专业的知识有机会也要多多学习。最后感谢老师和学校给我这个机会和优秀的小伙伴们组成团队参与这次社会实践。

——16 导游班　胡睿智

　　我很荣幸能跟随小组参加了这次暑期社会实践活动。通过这几天的社会实践，我开阔了视野，收获很多。我深入了解了萧山农村文化礼堂的建设现状和各个村的村史、文化环境。

　　"千里之行始于足下"。在走访过程中，我负责部分的访谈工作。在与村民的交流中，我感悟到交流是一门技巧，绝非易事。在访谈中，我们首先要做的是尊重访谈对象，准备充分。其次我们也要根据访谈对象的不同，做好不同的准备，提出不同的问题。例如从开始的村民，到后来的文化礼堂的管理人员，都需要我们做不同的准备。在对普通村民的问卷调查与访谈中，最重要的是进行有效的沟通，因为年龄大和不会说普通话等问题，我们更需要耐心地与他们交流，要让他们知道我们是调查什么的，需要他们帮助回答哪些问题。如果不能进行有效的沟通，那么就很难获得有效的数据资料与访谈内容了。在对文化礼堂的管理者访谈中，更需要的是倾听，做好笔记。因为他们多年来亲历了文化礼堂的建设，对于当地文化礼堂的现状、问题、发展状况等非常清楚。这时候我们要学会倾听，理解他们的看法。我印象最深刻的一次访谈是白鹿塘村。文化礼堂的负责人热情地接待了我们，他热情洋溢地向我们介绍了村文化礼堂开展的活动，如父亲节免费理发，端午节一起包粽子等，还向我们介绍了文化礼堂的现状以及发展目标，同时给我们分析了建设文化礼堂目前遇到的困难，如资金缺乏、抢大戏困难等，使我们对文化礼堂的了解又更深了一些。

通过这次社会实践，我学习了如何与他人进行更有效的沟通，增长了我的社会经验，使我受益匪浅。

——16 旅行社经营管理班　徐鸣

这是人生当中第一次跟着老师和同学去参加暑期社会实践，虽然只有短短的一周时间，有辛酸也有欢笑，但对于我来说意义却不一般。

我们本次实践内容是对萧山区农村文化礼堂进行抽样调查，了解文化礼堂建设状况、取得的成果、存在的问题以及未来发展的趋势等。

在开展调研之前，我们小组成员共同完成了一份问卷和访谈提纲，调查对象是村民和村干部。完成调查问卷和访谈提纲后，我们先进行了预调查。当时我们选择了离学校比较近的一个村子。预调查让我们发现了问卷存在不少问题，光靠在纸上谈兵是没有用的，唯有经过实践才能发现问题的所在，才能更好地反思，于是我们又重新修改了调查问卷以及访谈提纲。

后三天，我们分成了两组，每组由一位老师带队。第一天我们组去了最远的村。经过一个半小时的路程，我们才到了目的地——官一村，这个村的文化礼堂去年刚修建完成。文化礼堂场地非常大，有礼堂、文化长廊、篮球场、乒乓球场，设施非常齐全。两位同学对文化礼堂负责人进行了访谈，其余的人去做调查问卷。因为我们到达时间正值午休时间，很多村民的大门紧闭着，开门的都是老奶奶。我们走过去和他们进行了交流，在交谈过程中，我们发现沟通很难，她们中有的不认识字，有的不会说普通话，我们就耐心地把问卷题目用通俗易懂的语言说给她们听，再根据她们的回答来选择。从谈话中，我们发现他们对文化礼堂很满意，在这里既有娱乐活动，也能听讲座，大伙儿晚上还可以聚在一起跳"广场舞"。文化礼堂让他们有事可做，丰富了他们的生活，也提升了他们的思想境界。

结束了一天的问卷调查和访谈，晚上我们要把填好的问卷数据录入电脑，一个人操作一个人报数字，配合默契的一下子就解决了，配合不默契

191

的，都在互相嫌弃对方，很有趣。更有意思的是一天晚上，我报了一半数字时，突然喉咙就哑了，有种发不出声的感觉，不知是感冒，还是没休息好，老师还特意给我拿了药，叫我早点休息。每天晚上躺在床上回想一天所发生的事情，自己所经历的，真的回味无穷。

　　每个村庄都有属于他们自己独特的历史文化、民族风情，文化礼堂是历史的传承点，也是村民的精神家园。非常感谢老师能给我这次机会，让我感受到乡村的文化气息，这些精神财富也丰富了自己。

——16 旅行社经营管理班　吕菲菲

　　大一的生活随着暑假的到来画上了完美的句号。在暑假开始之际，我参加了由老师带队指导的暑期社会实践活动—萧山区文化礼堂建设。通过这次活动，我不仅结识了一群小伙伴，而且还深刻了解了萧山区的文化礼堂。虽然在走访发放问卷的时候很热，但是我们每一个人都坚持了下来，即使高温也抵挡不住我们的热情。我们这次的实践活动人员一共十人，有两位带队老师和八名学生。我们分成两个小分队，分别对不同的村庄走访调查。这次调研我们共走访了萧山十个建有文化礼堂的村庄，发放共 400 份问卷，并且对每个村子文化礼堂的管理者和普通群众都做了面对面访谈，从中了解了大家对文化礼堂建设的看法以及对文化礼堂的建议。

　　每到一个村庄，我们首先是参观文化礼堂，然后对文化礼堂的管理者做访谈。其次是以文化礼堂为中心向四周分散开，请村民做调查问卷和访谈。在问卷调查和访谈过程中，我们遇到最大的困难是语言障碍。由于我们队伍中没有萧山本地同学，听不懂萧山话。有时为了更好地理解村民的意思，我们在访谈时会以提问的方式把村民的话进行再次确认。做访谈时，为了让村民们更好地理解我们访谈的问题，我们会把访谈的问题用简洁、通俗的方式表达出来。为了以后整理资料方便，我们还用手机录下了访谈内容。

　　这次实践让我对农村文化礼堂和乡村的祠堂有了不一样的理解。我相信这次实践活动的经历将为我的大学生活留下不一样的印记。

——16 旅行社经营管理班　洪春莉

暑期我参与了一项关于"萧山区文化礼堂建设"的社会实践活动。虽然社会实践的时间不长，但我从中受益很多。在入村调查之前，我们做了很多前期准备工作，并对每个人都进行了明确的分工。我的主要任务是管理财务，每天都要把支出的明细账记录下来。这看起来很轻松，但事关重大，我不敢有半点马虎。小到大家喝的水，大到每一顿饮食、每一次住宿，我都要仔细地记录下来，做到每日核对账单，没有漏记、错记，获得了大家的一致好评，也让我感到很有成就感。

在白天的调研过程中，大家一起发放问卷、做访谈，晚上我们还需要输入调查数据并向老师请教。数据分析是一项很费力的工作，需要团队合作。大家把问卷都整理好、编好号，然后一人报数字一人记录，将数据输入电脑。这里需要大家的配合，我们晚上在电脑面前统计，并对次日的问卷发放提出需要改正的地方并加以改进。在分析数据时，有很多数据是通过公式计算得出的。以往我们从没有接触过这些公式，就不断地向老师请教。经过老师的耐心指导，我们才得以顺利分析出数据。大家一起统计、分析，数据分析过程就显得非常轻松，易于统计。真没想到小小的数据，需要这么深的功夫去完成。经过大家努力，我们顺利完成了这项工作。

本次实践活动让我受益匪浅。社会实践活动的圆满完成是大家分工协作的结果，让我明白了责任心对团队协作的重要性。今后，我一定会更加努力，学到更多的知识。

——16 导游班　阮博琴

"不问不若闻之，闻之不若见之，见之不若知之，知之不若行之，学至于行止矣"。实践才是真正检验真理的标准。我们一行八位同学分成两个小组在老师的带领下，走访了萧山区的十个村子，拜访了当地村民，调查收集了村民和管理人员对当地"文化礼堂"建设的看法和建议。随后我们进行了数据分析，得出相应结论。然后从结论上分析存在的问题，找到解决方法，去规划未来的发展趋势。

此次实践中，我们不仅在学术上有收获，更重要的是我们收获了互相协作、互相关爱的团队精神，还获得了不畏艰难、用心聆听的好品质。我们更加相信自己的工作能力和毅力，这也是人生中一笔巨大的财富。其中，我们也感受到了这个社会的美好：当你觉得行走匆忙的人不会停下脚步帮你填写问卷时，他们却很热心地帮助你完成调查；当你在烈日炎炎下抱着被汗水浸湿的问卷进入村民家中时，善良的村民递过一块西瓜……这一切都促使我们更加努力地完成任务。同时要感谢工作中一起努力的同学和老师们，因为有了我们的共同努力，才能圆满地完成这项任务。感谢所有被访谈的热心村民和干部，他们停下手中的工作，停下匆忙的脚步，为我们一一解答。感谢在工作中为我们提供帮助的金科长以及其他人。

短短几天，我感到自己收获很大！当我看到自己没有其他同学的工作效率高时，我学会了自我反思和总结经验。通过和同学们的相处、互补，我们变得更加优秀。希望在后面的工作中，能够再接再厉，不断完善自己，更加出色地完成任务。

——16 导游班　查妍含

匠心之旅——寻找我身边的匠人①

（2017 年）

一、调研的数据分析

此次调查问卷共发放 380 份，回收 370 份，回收率 97%，有效率 97%。具体分析如下：

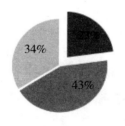

■已经具备　■不知道　■不具备

图1　你认为自身是否具备工匠精神?

从图1得知，有34%的人认为自己不具备工匠精神，有43%的人表示自己不知道自己是否具有工匠精神，只有23%的人认为自己具备工匠精神。由此可知，只有一小部分人认为自己具备工匠精神，大部分人认为自己欠缺工

---

① 本作品过程性成果《高校思想政治教育视野下工匠精神的当代解读：内涵、价值、路径》在《扬州大学学报（高教研究版）》2018 年第 4 期发表。

匠精神。

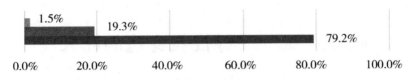

■不太重要，少数工艺需要"工匠精神"
■比较重要，是对产品精益求精的态度
■非常重要，对技术、技艺有重要的意义，同时也是一种传统精神

图2   你认为工匠精神重要吗？

由图2可知，有79.2%的人认为工匠精神非常重要，19.3%的人认为工匠精神比较重要，只有1.5%的人认为工匠精神不太重要。由此可见，绝大多数人对工匠精神持认可态度，认同工匠精神的重要性和作用。

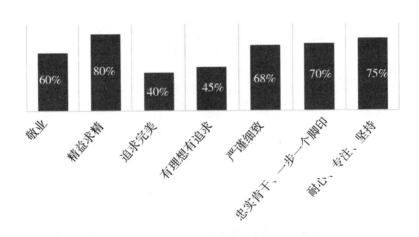

图3   你认为工匠精神的内涵包括哪些？

由图3可知，人们认为工匠精神的内涵主要包括精益求精（80%），耐心、专注、坚持（75%），踏实肯干、一步一个脚印（70%）和敬业（60%）。由此可知，工匠精神的内涵是多维度的，并不是单一的。

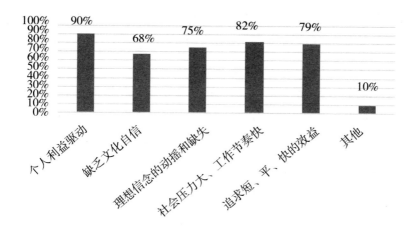

图4　你认为工匠精神缺失的主要原因有哪些？

由图4可知，个人利益驱动是导致工匠精神缺失最主要的原因（90%），同时，社会压力大、工作节奏快（82%），追求短、平、快的效益（79%），理想信念的动摇缺失（75%）也是工匠精神缺失的主要原因。

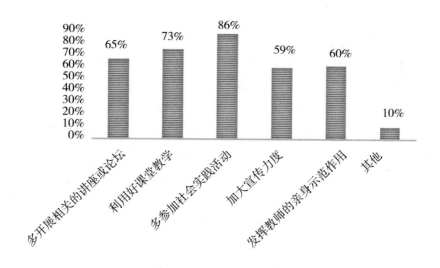

图5　你认为高校应该如何培育大学生的工匠精神？

从图5可知，对于高校大学生工匠精神的培育路径，86%的人认为高校大学生应多参加社会实践活动，73%的人认为要利用好课堂教学这个主渠道，65%的人认为高校应多开展相关的讲座或论坛，60%的人认为教师应发挥亲身示范作用。由此可知，培育高校大学生的工匠精神是个系统工程，需要全员、全过程、全方位共同助力。

二、调研采访手记心得

第一站 | 菊英面店

图6-7　团队成员采访菊英面店

2017年6月24日，我们匠心团队一行人来到了浙江省杭州市上城区中河南路14号——菊英面店，采访了面店老板颜大伯。大伯告诉我们，这家店已经开了24年了，每天他都很早起床准备，即便是这么多年，他每天的心态都是如同第一天一般，认真专注地去做每一碗面。说到杭州名菜，除了东坡肉便是片儿川了，正是有如同像颜大伯这样几十年如一日地用心制作片儿川的匠人，才会让这碗普通的面变得并不普通。因此，我们认为，对工作执着、对事物精益求精、对事业认真专注的态度，这便是匠人精神。匠心团队也希望越来越多的人在这浮躁的社会中慢慢沉淀，去追求一些有精神、有内涵的事物。

第二站｜浙江旅游职业学院

图8 浙江旅游职业学院教师芦爱英 图9 浙江旅游职业学院校友周婕

匠心之旅的第二站采访的是浙江旅游职业学院优秀教师代表——旅行社管理系教师芦爱英和优秀学生代表——外语系14级校友周婕。在很多学生眼中，芦爱英老师是旅院"最受欢迎的老师"。她幽默的语言、爽朗的性格、博学的知识给我们留下了深刻的印象。在采访过程中我们时刻都能感受芦老师的敬业、专注和精益求精的职业品质。她说"我只是做我该做的"。这虽是一句简单的话语，却体现了对工作、对学生负责担当的职业精神。

周婕是我院优秀校友，曾荣获第五届浙江省"十佳大学生"荣誉称号。她说："做任何事情，兴趣是成功的关键。"她用亲身经历告诉我们，任何事要做到"心到、神到"，才能达到登峰造极、出神入化的境界，才能有成就"工匠精神"的可能。笃定的信念、执着的努力，这便是工匠精神。

第三站｜手工艺活态展示馆

图10 团队成员采访杭州手工艺活态馆手工达人

　　匠心之旅的第三站走进了杭州市手工艺活态馆。我们共采访了四位匠人，他们分别是：植物染手工艺人——童月、紫砂壶大师——徐成顺、玉石雕刻大师——潘锡存、乐清黄杨木雕大师——张艳萍。通过与匠人的对话，我们感受到手工艺的六字箴言——"技皮，术骨，匠心"，意为技艺是传承的表面，方法是传承的骨架，而匠人精神才是传承的关键。作为新时代的大学生，我们应该将匠人对技艺的追求、淡然的心态和专注执着的品质运用到学习和工作中，让这些精神得以传承下去，在各行各业闪耀光芒。

第四站｜永嘉弹棉郎

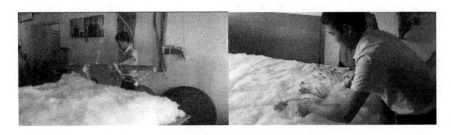

图 11　团队成员采访永嘉弹棉郎徐师傅

　　初见徐师傅，他便很热情地招待我们。徐师傅人很暖，不止是在生活上，在弹棉花这项技艺上也是如此。在给我们演示的整个过程中，他表现出来的是对这项技艺的热情和坚持。从铲棉、弹棉到倒边，各环节操作熟练、一气呵成。师傅说在以前，这样的弹棉全过程得进行一整天。难以想象徐师傅是怎么坚持下来的，对此我们也是由衷地钦佩。师傅通过他的言行举止，让我们看到了他身上所具有的工匠精神：热情、耐心、细心与坚持。一个人值得被尊敬，正是因为他身上所具有的美好品质，愿师傅能一直不忘初心，方得始终。

第五站 | 安徽蚌埠雪圆小吃

图12 团队成员踩点蚌埠非物质文化遗产雪圆小吃总店

8月13日，匠心团队的成员来到安徽省蚌埠市非物质文化遗产——雪圆小吃的总店。刚进门，我们就被门口摆放的一口大铜锅所吸引，大铜锅传来阵阵酒酿的香甜，放眼望去，一个个圆滚滚的大元宵漂浮在酒酿之上。在与雪圆小吃传承人的交谈中我们得知，雪圆小吃的馄饨采用优质猪前夹肉制作馅料，用猪腿胫骨加老母鸡熬制汤头，元宵必须采用优质糯米和馅料包制而成。老板对员工的要求也极为严格，经过长期培训才能上岗。几十年如一日的品质，让雪圆小吃的口碑代代相传。通过访谈，我们感受到雪圆小吃店是把匠心融入一颗元宵、一粒馄饨中，把匠心融入一碗酒酿、一碗高汤里，把匠心带给每位员工、让匠心不断传承发扬。正是有了这种匠心，才能创造雪圆小吃几十年的红火生意。店里虽然没有华丽的装修、没有精美的菜单、没有繁多的种类，但它能一直坚持好品质、好口味，这就源于始终如一、代代相承的工匠精神。

第六站 | 浙江衢州早餐奶奶

图13 团队成员采访衢州"早饭奶奶"毛师花

毛师花，是浙江省衢州黄坛口村人。奶奶已经85岁了。毛奶奶每天清晨在黄坛口中心学校门口摆摊卖早饭，已经坚持24年了。而且她的早餐从不涨价，她卖的鸡蛋饼、豆浆、粽子、稀饭……样样都是五毛钱，被人们称为"有良心的早餐"，她也被孩子们亲切地称为"早饭奶奶"。

在与毛奶奶的交谈中，我们深切地感受到那份大爱。她不担心利润，只担心孩子们是否会挨饿，是否吃得干净卫生。早餐24年不涨价，不为别的，只为每天和孩子们见面。早餐奶奶的大爱暖乡邻。"爱心早餐摊"让过往学生和老百姓感受到亲人般的关爱。看到早餐奶奶日复一日、年复一年的坚持为黄坛口村的学生做新鲜营养的早餐，我们的感激胜过感动。谢谢毛奶奶一直以来的付出与坚守，让我们看到了平凡而又伟大的人间温情。

三、工匠精神的内涵

通过对数位匠人的采访，我们提炼出工匠精神的内涵，总结为匠心、匠艺、匠魂、匠行这四个方面。

1. 匠心——敬业乐业

作为职业道德规范的内容，敬业就是始终用一种敬畏的态度对待自己的工作，这是工匠精神最基本的要求。没有敬业，工匠精神就等于是无源之水、无本之木。《论语》曰："知之者不如好之者，好之者不如乐之者"。乐业，从平凡的工作中获得快乐，热衷于工作，这在一定程度上能激发人们的工作热情、创新灵感和奉献意识。从中央电视台热播的纪录片《我在故宫修文物》中可以看出，敬业乐业是大国工匠们的共性特征。匠人只有懂得敬畏、时时不忘敬畏，才能恪守祖训、心怀本真、坚守初心、懂得珍视，才能对自己的专业和产品兢兢业业、精益求精，才能对自己的事业充满热情与自豪感。

2. 匠艺——精益求精

从技艺层面看，工匠精神是一种对工作执着，对作品精益求精、精雕细琢，崇尚卓越、力求完美的精神追求，这是一个漫长的动态过程。匠人们需要抵制外界的干扰，凭借超凡的专注与执着才能从平凡中脱颖而出。老子曾说过："天下大事，必作于细"。一件作品之所以能成为精品，是因为匠人们以严谨的态度、规范的动作，对作品的每一道工艺、每一个细节都力求完美。女红技艺如此，剪刀锻制如此，植物染艺如此，永嘉弹棉也是如此。在匠人的眼里没有最好，只有更好，完美到极致的苛求只为对自己负责，对手艺负责。而这正是我们团队所寻找、追求的技艺力量。这不仅源自匠人们长期的技艺打磨和经验积累，更需要有一份不为外界所扰、不为外界所动的安静安定的内心。只有在这种职业品质的支撑下，工匠们才得以为某一项技艺的传承与发展奉献毕业的精力。

3. 匠魂——创新创造

工匠精神不是因循守旧，它是在传统工艺的基础上不断创造新工艺、新技术的过程，这是传承与创新的更新与并存，也是技艺与文化的沉淀与融合，更是个体自主性和个人价值的体现与彰显。《管子·正世》中说："不慕古，不留今，与时变，与俗化"。世间万物都在变化发展中。因此，对于匠人们来说，只有时刻保持开拓创新的精神，才能获得持续长久的内在生命力。这种创新创造的劳动内涵与五大发展理念中的创新精神有着内在一致性。一个民族、一个国家只有不断创新，才能始终保持活力，拥有竞争力。因此，创新创造是工匠精神的核心和灵魂。勇于创新、善于创造，决定了"匠者"能否脱颖而出、实现超越。

4. 匠行——坚持坚守

"不忘初心，方得始终；初心易得，始终难守。"工匠精神是对初心的一种坚持与坚守。无论是《我在故宫修文物》中四十年如一日倾心修复古代钟表的"故宫男神"王津师傅，还是浙江衢州黄坛口村每天清晨在小学门口卖早饭并且二十四年不涨价的"早饭奶奶"毛师花，他们都不仅是普通的劳动者，更是伟大的匠人。因为他们勤劳善良、坚持坚韧，全心奉献，将自己的全部汗水和努力都融进了自己所热爱的岗位，这就是对职业道德最完美的诠释。不忘初心，坚守初心，这是工匠精神在行动层面最真实、最直接的表达。

四、大学生工匠精神的培育

（一）高校课堂是培育工匠精神的主要阵地

工匠精神作为一种职业道德，它是从业人员必备的职业素养。通过工匠精神的通识普及教育，使学生们掌握并领会社会主义职业道德规范，培养他们肯干、真干、实干的韧劲，从而为未来的职业生活做好准备。在推进从"思政课程"走向"课程思政"的教育教学改革背景下，高校应努力形成全员、全方位、全过程的育人体系，把工匠精神这一职业价值观的培育和塑造，通过"基因式"融入所有课程，突出育人价值，让工匠精神真正地内化为学生成长成才的无形力量。

（二）社会实践是培育工匠精神的有力抓手

高校可依托实践活动、实践基地、产学合作等平台开展"工匠精神"的体验、养成教育，使工匠精神的培育与专业学习有机融合。一方面，邀请在校教师为导师，与学生建立起帮扶结对制度。这本质上是效仿现代学徒制模式，实现师生之间的传、帮、带和手把手教学。可鼓励一年级学生进课题组，培养崇尚学术、坚持研究的治学习惯，以小步快走、不断超越自我的方式迎合创新素质提升的需要。另一方面，邀请优秀校友为导师，开展"校友导师计划"，搭建优秀校友与在校生的沟通平台，受邀校友与结对学生分享职业经验，发挥行业引领和榜样示范作用，帮助结对学生成长成才。

（三）校园文化是培育工匠精神的有效载体

高水平的校园文化，其文化景观应有自己特色和魅力，给人以视角冲击和享受，让观赏者有新的发现、感动与信心。将工匠精神的元素渗透到校园景观、建筑布局、教学场景等环境载体中，不仅能彰显学校的理念和文化使命，更能让学生在潜移默化中接受熏陶，内化匠人气质。此外，通过"请进来＋走出去"相结合的方式，一方面，积极开展"请工匠进课堂、进校园"系列活动，邀请"大国工匠""匠心青年"从幕后走到台前，让学生近距离接触匠人、了解工匠故事、感受工匠精神，树立起青年学子追逐的"明星"和学习的榜样。另一方面，鼓励学生参加以工匠精神为主题的社会实践、素质提升等活动，走出校园、走进企业、走入社会，增强职业适应性和综合素养。

后　记

　　回顾我们十多年暑期社会实践的发展历程，可以说是摸着石头过河，没有一位老师做过这种事，也没有什么经验可供参考。好在校领导、系部领导都很支持，师生们积极性都很高。社会实践经历了从粗放式发展向精细化运作的过程。最初，由校领导、系部领导及全体思政教师带队，师生四十多人到某地参观考察。人多、时间短，只能走马观花。社会实践活动结束后，每位学生交一篇社会实践心得就完事了。变化是在学院团委组织暑期社会实践成果评选之后。为了参加评选，更重要的是让学生在社会实践活动中得到更多锻炼，我们调整了暑期社会实践行动方案。由每位思政教师组建暑期社会实践小分队，就某一个社会热点问题选择一个地方进行深入调研，撰写暑期社会实践调查报告和调研心得，并参加团委开展的各项评选活动。

　　社会实践活动不断发展壮大还得益于大学生"挑战杯"比赛，我们走上了一条以比赛促发展的路子。为了参加"挑战杯"比赛，社会实践活动的组织更加科学合理。老师们往往提前一年或半年就在授课班级中物色优秀学生，根据学生特长安排相应的工作。师生们通过阅读大量的文献及报刊资料等，提出选题，最后集体讨论来确定调研主题。调研计划制定得越来越翔实，包括时间、地点、调研对象、调研问卷及访谈提纲、调研路线、成员工作分配等，保证了社会实践小分队在短短的一个星期保质保量地完成繁重的调研任务。调研只是第一步，随之而来的是访谈资料整理、誊抄及调查数据的录入、分析等。最艰难的是撰写社会实践调研报告，虽然学生都是精挑细选，但是学生们从来没有经过专业的科研写作训练。需要从最基本的调查报告格式写起，老师们手把手地教，一个字一个词地修改，付出了大量心血。好在绝大多数学生都能虚心请教，认真配合。因为水平有限，暑期社会实践团队成果被送出去参加浙江省大学生"挑战杯"比赛都成了陪衬。直到2010年，暑期社会实践调研报告《新生代农民工小城镇融入研究——以萧山坎山镇为例》荣获浙江省第十二届"挑战杯"大学生课外学术科技作品竞赛二等奖，实现了零的突破。这极大地鼓舞了我们。在师生们共同努力下，我们共获得了两项浙江省大学生"挑战杯"比赛及四项浙江省高职院校大学生"挑战杯"比赛奖项。

　　社会实践活动是一个锻炼人的大熔炉，师生们百炼成钢。说心里话，在校园里待久了，就不愿意走出去。校园比社会单纯多了，老师在校园受人尊重，所有的事务都被学校安排好了，你只要把课上好、把学生管好就可以了。可是一进入社会，所有的事都得自己处理，有时候还要求人帮忙。对师生们而言，最难的是放下身段求人帮忙，这是一道很难跨过的心理上的坎。一开始，老师们自己也是生手，带着学生在乡间奔波，被人拒绝，遭人冷眼，就很难挺过去。只要坚持，慢慢地，滚打摸爬后，就掌握了和不同人相处的窍门，就掌握了应对不同问题的策略。说社会实践活动是熔炉，还在于调研过程中会碰到很多棘手的问题，即使你计划再周密，也赶不上变化。有一次，我们选定的调研地点白天人很少，无法完成预期的调研任务，为了不耽误行程，我们就一直等到晚上再做调查。等结束任务，师生们为了省钱决定先坐一段公交车再打车，赶回酒店时已是晚上十二点了，竟没有一个学生叫累。还有一次走街串巷调研，下午遇上了雷电交加的暴风雨，一半学生没带伞，大家就两个人撑着一把，风雨太大，把我们的伞都掀翻了、吹破了。大家相互搀扶着、顶着风雨往前赶路，身上的衣服全部湿透了，仍然有说有笑不气馁。

　　每一次社会实践活动都是一次精神洗礼。走进基层、走进百姓日常生活，师生们看到了一个真实的中国社会。在这里大家学到了书本上学不到的知识，在这里大家看到了社会的进步，在这里大家也发现了需要努力改变的问题……同学们的思想感情慢慢地发生了变化，他们不再满足于自己的那点成绩，也不再盯着眼前的利益不放，他们学会了和人沟通，学会了客观地看待问题，他们品尝着大众的喜怒哀乐。老师们发现凡是参加了社会实践活动的同学，他们的社会责任感普遍得到了提升，这在课堂上很难做到。

　　大学生暑期社会实践活动能持续十多年，离不开学院及社会各界人士的支持和帮助。学院领导在政策及经费上给予我们大力支持，系部领导亲手抓、亲自参与，团委为我们参加"挑战杯"比赛出谋划策，萧山区政府相关工作人员帮我们联系村委、进行媒体宣传。还有学院派往磐安县担任农村指导员的严一平老师、赵明老师和童越聪老师等人，他们为社会实践团队提供了一切便利。还有地方政府工作人员、村委及村民们。在我们又热又饿时，留我们吃饭的村长，递上一杯凉茶、一根玉米的村民……

　　说起社会实践活动，真是酸甜苦辣，五味俱全，一言难尽。别人看到了你取得的一点成绩，只有你自己知道那是一种什么样的历练，你想割舍却怎么也割舍不下……

石群

2020 年 2 月 5 日